GERALDO RUFINO

O PODER DA POSITIVIDADE

OS 7 PRINCÍPIOS PARA BLINDAR A SUA MENTE E TRANSFORMAR A SUA VIDA

Diretora
Rosely Boschini

Gerente Editorial
Rosângela de Araujo Pinheiro Barbosa

Assistente Editorial
Natália Mori Marques

Controle de Produção
Fábio Esteves

Preparação
Sirlene Prignolato

Projeto Gráfico e Diagramação
Balão Editorial

Revisão
Vero Verbo Serviços Editoriais

Capa
Vanessa Lima

Imagem de miolo
rolandtopor/Shutterstock

Impressão
Loyola

Copyright © 2018 by Geraldo Rufino
Todos os direitos desta edição são
reservados à Editora Gente.
Rua Wisard, 305, sala 53
São Paulo, SP – CEP 05434-080
Telefone: (11) 3670-2500
Site: http://www.editoragente.com.br
E-mail: gente@editoragente.com.br

Dados Internacionais de Catalogação na Publicação (CIP)
Angélica Ilacqua CRB-8/7057

Rufino, Geraldo
    O poder da positividade: os 7 princípios para blindar a sua mente e transformar a sua vida/Geraldo Rufino. – São Paulo: Editora Gente, 2018.
    208 p.

    ISBN 978-85-452-0263-9

    1. Sucesso 2. Sucesso nos negócios 3. Autorrealização I. Título

---

18-0720   CDD 650.1

Índice para catálogo sistemático:
1. Sucesso nos negócios 650.1

*Dedico este livro às grandes guardiãs
dos meus valores e da minha vida:
minha mãe, por tê-los ensinado a mim;
minha irmã, dona Marta, por tê-los
feito permanecer em minha vida;
e minha esposa, Marlene Rufino, minha
grande paixão, pela força de fazê-los
existir ao longo das décadas, passando-os
também aos nossos filhos e netos.*

AGRADECIMENTOS

Quando eu falo de positividade, na realidade é preciso entender que ela tem uma base, os valores. A gratidão é um dos valores que estão neste livro, e nestes agradecimentos quero iniciar por agradecer às três mulheres que fizeram com que eu nunca me esquecesse dos meus valores.

Primeiro agradeço à minha mãe, com quem aprendi os meus melhores valores, a pessoa que me fortaleceu e me blindou. Com ela aprendi a gratidão, a dar valor ao meu semelhante, a importância da espiritualidade, o poder e o prazer de compartilhar e fazer o bem para si mesmo e para os outros, a boa convivência com as pessoas, com meus semelhantes, saber aceitar as diferenças, a importância do amor e do carinho, da emoção do dia a dia, o valor que tem um único dia. Os melhores valores eu aprendi na essência, na minha origem, quando eu tinha 7 anos e fiquei blindado por ela. Obrigado, minha mãe.

O PODER DA POSITIVIDADE

Quando minha mãe morreu, esse posto foi ocupado pela minha irmã, dona Marta, que tinha a mesma energia, cultura, que perpetuou os valores da nossa mãe e é muito especial na minha vida. Ao longo da vida, a minha irmã me deu muita disciplina, muito equilíbrio e muito engajamento. Ela sempre me considerou um filho, um carinho muito maior do que de irmão, e eu a considero uma segunda mãe.

Com o passar do tempo, eu tive o privilégio de continuar aprendendo os valores mais importantes da vida através de outra pessoa, a senhora Marlene Rufino. Nós nos conhecemos cedo, ela era ainda uma menina, que administrava a casa, aprendeu a negociar, a conciliar e hoje administra a JR, todo o nosso financeiro; ela foi a continuação do que a minha mãe era para mim. A Marlene absorveu tudo o que era mais importante no mundo para mim e preservou o que eu tinha de melhor, esses valores da minha mãe, e, muito mais do que isso, ela conseguiu transferi-los todos para nossos filhos e netos. Eu sou grato todos os dias pela existência dela, uma grande mulher.

Essas três pessoas fantásticas, brilhantes, que sempre fizeram diferença na minha vida, minha mãe, minha irmã e minha esposa. Minha irmã e minha esposa estão sempre polindo a blindagem que a minha mãe criou, afinal, a nossa positividade precisa de manutenção. E isso hoje é feito integralmente por essa parceira, amiga, essa inspiração que é a minha metade, a Marlene.

Existem tantas pessoas na minha vida para agradecer... Agradeço à minha família primeiro, que é a base de tudo, a minha família dos dois lados, por sempre me darem tanto colo, tanto carinho, tanta segurança, uma sensação eterna de ter para onde ir, de apoio incondicional. Tive muitos amigos, e agradeço a cada um deles, pessoas que me motivam, me fazem rir, me enaltecem positivamente, me dão soluções; independentemente do grau de convivência, eu sou muito grato. Se eu citasse todos, essas pessoas que me querem bem e me passam boa energia, eu precisaria escrever outro livro. Essa energia toda que eu sinto, a luz que emano, vem dessas pessoas, desses amigos, e eu agradeço a eles por existirem na minha vida. E agradeço aos meus filhos, os meus melhores amigos. Eles só perdem para os meus netos.

Vocês fazem com que eu continue forte e flexível ao mesmo tempo. Agradeço a essa legião de amigos que gera energia para mim.

SUMÁRIO

INTRODUÇÃO 11

CAPÍTULO 1 O valor da sua vida 17

CAPÍTULO 2 Você mesmo se afunda
e não percebe 37

CAPÍTULO 3 Reconecte-se com os seus valores 63

CAPÍTULO 4 Família é a base 81

CAPÍTULO 5 Humildade 105

CAPÍTULO 6 Positividade 119

CAPÍTULO 7 Paixão 133

CAPÍTULO 8 Não julgar 145

CAPÍTULO 9 Praticar o bem 161

CAPÍTULO 10 Ser feliz 173

CAPÍTULO 11 Não existe final que não
seja você quem ditou 185

CAPÍTULO 12 Tudo vai dar certo 197

Introdução

Este é o meu segundo livro, mas você não precisa se preocupar: se não leu o primeiro, isso não vai interferir em nada nessa nossa experiência. Este livro nasceu do que vivi depois de publicar o primeiro, o qual me levou a dar palestras e conhecer pessoas no Brasil inteiro. Quando vou para essas conversas, sou bombardeado de perguntas, e quero que você tente adivinhar, ou apenas imaginar, o que as pessoas mais perguntam para um cara como eu, que era catador de latinhas, quebrou seis vezes e hoje tem uma empresa de sucesso.

Você deve ter pensado no óbvio: "Rufino, as pessoas perguntam como ganhar dinheiro?" Não, mesmo! A pergunta que ouço em todos os lugares, da maioria das pessoas, é: "Como encontrar a felicidade? A paz de espírito? A leveza de se relacionar com amor e se sentir bem?".

Felicidade, é isso que as pessoas buscam.

Em plena crise econômica, pouca gente fala de dinheiro. As pessoas estão sedentas de luz, de energia para lutar por mais um dia. E foi por esse motivo que este livro nasceu.

Eu entendo a ansiedade das pessoas de tentar buscar algo a mais. Atualmente, passamos o dia inteiro nos alimentando de notícias tóxicas, de fatos negativos, trazendo toda a desgraça do mundo para a nossa casa quando assistimos ao noticiário e lemos artigos nas redes sociais. Nós nos achamos bem informados por termos conhecimento de todas as desgraças atuais da humanidade, mas acabamos nos esquecendo de que espalhar desgraças é o negócio das empresas de mídia, e de que os jornais faturam de acordo com a nossa comoção com a crueldade humana. Todos os meios de comunicação falam de corrupção diversas vezes, mas você pode comprovar que nenhum jornal faz manchete sobre aquele vereador de cidade pequena que regularizou todas as contas do município, e, então, parece que simplesmente não existe um político honesto.

O resultado desse adestramento negativo é que, com o tempo, nós nos tornamos educados pelas notícias. Assim como um vírus desconhecido, a crença de que o mundo é ruim e de que precisamos ser piores ainda para vencer dentro dele acaba mudando a nossa natureza. Acreditar no negativo vai deixando os nossos valores escondidos em algum canto da nossa mente; por isso, quando passamos por um momento difícil, eles não estão mais lá para serem visitados facilmente.

No primeiro livro, *O catador de sonhos*, procurei apresentar a minha história do jeito mais sincero possível para todas as pessoas que se interessassem por ela. Aqui, a proposta é outra: quero que você conheça quais princípios formaram a minha vida e me tornaram uma pessoa com uma fé inabalável de que tudo o que acontece é para o bem.

Este livro é o meu encontro com você, pelo simples prazer que tenho de poder trocar experiências. Eu não faço *networking*, um conceito que já ficou impregnado na cabeça das pessoas quando se fala de negócio. Para mim, a chance de fazer bom *networking* é quando posso me comunicar com as pessoas sem interesse, falar com alguém espontaneamente, pelo simples prazer de estabelecer um relacionamento com outra pessoa, de trocar experiência com outro ser humano. Se ali se estabelece um negócio ou não, tem de ser uma consequência, não a causa de me relacionar com as pessoas. Eu não vou a nenhum tipo de evento, não encontro ninguém – nem por acaso nem programado – com a intenção de fazer *networking* comercial. Encontro as pessoas pelo prazer de estar com elas, e isso transforma os meus encontros e contatos no melhor *networking* do mundo, porque o retorno da espontaneidade é

> **Acreditar no negativo vai deixando os nossos valores escondidos em algum canto da nossa mente.**

O PODER DA POSITIVIDADE

universal. Se apenas uma linha deste livro causar alguma mudança em sua vida, eu já fico grato.

Nesta conversa, vamos falar sobre princípios, que você também pode chamar de valores. Posso afirmar a você que, se existe algo que posso dizer seguramente que me carregou durante a vida para sair de qualquer situação, foram os meus princípios. Os princípios que me guiaram tive a sorte de recebê-los da minha mãe, a maior *coach* de todos os tempos, que se foi quando eu tinha apenas 7 anos.

Princípios não têm nada a ver com dinheiro, porque ser rico sem eles é uma variação grave da infelicidade. No entanto, ser pobre com princípios é como carregar uma mina de ouro dentro da alma, algo que tive a sorte de experimentar na minha infância, em uma favela da periferia de São Paulo. Com o caminhar da vida, aprendi que o dinheiro, na verdade, é consequência de onde você decidiu colocar os seus valores, do que fez com eles. Aprendi que, sem princípios, o dinheiro se torna um gás sensível, fácil de voar para longe das suas mãos.

Eu acredito no poder da positividade e tenho certeza de que as pessoas já estão cansadas de não ter esperança, de ler notícias ruins, de sentir que são impotentes nas suas vidas. Sabe por que sentimos tanta leveza e bem-estar perto de uma criança? Porque as crianças, na maioria das vezes, possuem uma conexão muito forte com os valores de base que receberam de sua família, e expressam esses verdadeiros princípios com uma positividade intensa e natural. Nenhuma criança mente naturalmente, por exemplo, mas você com certeza mente várias vezes ao dia porque acredita que vai ter problemas se falar a verdade. Desse modo, vamos sendo adestrados por uma sociedade doente e nossos princípios se tornam secundários. Justamente eles, que são a nossa essência.

Assim, para que você confie em mim nos próximos capítulos, vou contar o maior segredo já na introdução: tudo o que acontece é sempre o melhor, porque Deus não está com tempo para sacanear ninguém. Ele só faz o melhor para nós – basta nos mantermos dentro de nossos princípios, dentro da possibilidade de cada um. Eles são o coração que me manteve funcionando e as pernas que me trouxeram até aqui. São eles que criam a positividade pura que eleva o nosso coração para enxergar a solução dos problemas mais complicados.

Quando você esfria a cabeça, depois de um tempo, e olha para os pontos difíceis da sua vida, tenho certeza de que percebe isso e de que inicialmente considerou que essas situações eram negativas. Contudo, pelo ângulo da evolução, é inevitável enxergar que o que nos acontece é sempre o melhor. Sempre. A positividade muitas vezes é ironizada por pessoas que acreditam que ela vende a ilusão. No entanto, ela nunca deixa de provar que vem trazer a verdade. Não há mentira nenhuma em acreditar que tudo vai dar certo no final e que, se ainda não deu, é porque ainda não chegou ao fim. Ilusão é imaginar que, se existe um ser todo-poderoso, onisciente e onipresente, ele vai se preocupar em ferir um dos próprios filhos.

Não aceito – e peço que você também não aceite mais – viver em um mundo que preza pela ilusão da negatividade, no qual os semelhantes não se entendem e consideram normal odiar alguém. Eu não consigo odiar quem discorda de mim, quem tem outra religião ou outra direção política, nem mesmo quem me fecha no trânsito (o jeito mais fácil de odiar alguém quando moramos em São Paulo). Não aceito que um pai ache que trabalhar para construir uma empresa para deixar ao filho seja mais importante que o próprio filho. Não aceito as pessoas violentando a si mesmas ao acreditarem que só podem ser felizes em uma área da vida por vez e nunca em todas.

Minha missão é espalhar amor, positividade, mas mais do que isso: eu quero é espalhar a verdade. A verdade de como as coisas funcionam! Eu vivi muito, quebrei seis vezes, mas me levantei sete vezes. Tenho todos os dias a experiência de amar intensamente a minha mulher, a minha família, o meu trabalho... e em especial a mim mesmo. E você está a um único passo de mudar a sua realidade para se apaixonar por si mesmo, para ver as peças se encaixando. Não aceite se alimentar de ilusão, nem acredite no pessimismo que deixa as pessoas cada dia mais apáticas. Como forma de agradecer a minha mãe por ter me blindado, este livro existe para blindar você.

E que sejam todos, assim como eu, irritantemente felizes.

CAPÍTULO 1

O valor da sua vida

A vida de todos nós passa por tempestades, e algumas delas são tão grandes que fazem parecer que nunca mais haverá terra seca de novo. As pessoas podem ficar, durante anos, doentes, desempregadas, brigadas com quem amam, endividadas em seus negócios ou amargando um erro. Durante tanto tempo me relacionando com pessoas de todas as classes sociais, percebi que, quando as coisas ficam difíceis, é muito fácil essas pessoas acreditarem que seus problemas são maiores do que elas.

Eu não posso ser hipócrita e fingir que tudo é um mar de rosas. É claro que reconheço que vivemos em um país cheio de dificuldades. A realidade brasileira não é a mesma que a de um país rico, e muitas pessoas se deixam levar pela desesperança da falta de dinheiro ou de oportunidades. Contudo, os problemas reais não chegam nem perto daqueles que criamos por nos deixar bombardear pela negatividade. As notícias vendem um país horrível, uma economia que não tem jeito, uma sociedade doente, e basta ler o jornal todos os dias, prestando muita atenção, para desenvolver uma depressão severa. Dinheiro, por exemplo, recebe uma dimensão desproporcional na nossa cultura.

Em geral, quando você tem um problema, ele se torna a grande estrela da sua cabeça e está presente na hora em que você acorda, quando conversa com seu filho antes de ele ir para a escola, no carro a caminho do trabalho. Esse problema se transforma naquela dor de dente que afasta tudo que tem de produtivo em sua mente, porém sabemos que a dor de dente não vai durar para sempre. Em compensação, o problema se torna a representação máxima de quem você é. E eu tenho uma história que pode ajudá-lo a entender isso.

Essa história aconteceu de verdade, na minha empresa. Depois de seis falências, hoje tenho uma empresa de sucesso, a JR Diesel. E como este não é um livro de empreendedorismo, vou fazer da JR apenas um lugar onde as coisas acontecem, combinado? Porque, onde existem pessoas, tudo acontece. A nossa empresa fica perto da marginal Tietê, em São Paulo, e, há alguns anos, um homem que morava embaixo da ponte vinha diariamente pegar água com os nossos funcionários. Ele trazia o galão, os meninos enchiam e tudo ficava por isso mesmo. Um dia, ele parou na porta para pedir a água, mas todos os funcionários estavam vivendo um dia de muito trabalho. Ninguém podia atender o homem e ele se recusava a entrar para pegar a água. Eu, vendo aquela confusão, decidi ir até a porta e falar com ele. Do alto da minha arrogância de dono de empresa, pedi que parasse de criar caso e entrasse logo para pegar a água porque os funcionários estavam muito ocupados para

> **Em geral, quando você tem um problema, ele se torna a grande estrela da sua cabeça**

atendê-lo naquele dia. Ele continuava se recusando, por estar muito sujo e não querer constranger as pessoas que trabalhavam na empresa. Eu, já nervoso com aquela teimosia toda, fui encher o galão eu mesmo e o mandei embora. Fiquei pensando naquele homem por um bom tempo depois disso, e me senti muito mal pelo jeito que o tratei. Deixei a orientação para os funcionários de que ninguém desse água para ele no dia seguinte, pois eu mesmo faria isso.

Quando ele chegou, fui entregar a água, mas minha intenção era conversar com o sujeito. Comecei pedindo desculpas pelo dia anterior e comentei que ele estava sujo e morava na rua, mas falava muito bem, parecia que tinha tido estudo, e perguntei o que tinha acontecido. Ele tentou desconversar, mas, como sou insistente, depois de alguns dias conversando comigo diariamente, ele me disse que havia sofrido uma grande decepção amorosa. Ele continuou vindo pegar água e eu continuei fazendo perguntas e querendo saber mais sobre ele. Fui conhecendo um homem que, em algum momento da vida, foi casado e se viu sem dinheiro, e sua esposa o trocou por alguém que lhe daria uma condição melhor. Em resposta, ele saiu de casa e foi morar na rua. Foi a única solução em que pôde pensar, foi o que ele acreditou que merecia naquele momento.

Ao entender a história dele, via que aquele cara não sentia mais nenhum amor por si mesmo, porque acreditava que os problemas que ele mesmo havia criado eram maiores do que a sua vida. Perguntei-lhe se ainda tinha mãe e, sabendo que sim, questionei se ele achava que ela gostaria de vê-lo naquela situação, dormindo no chão, sujo… Ele ficou visivelmente emocionado, mas naquele dia só pegou o galão e foi embora. Nos dias seguintes, continuamos conversando, eu o chamava sempre para entrar e tomar um café e ele sempre recusava, por estar malvestido para isso. Eu, é claro, desisti de continuar perguntando a ele se não sentia falta da sua cidade natal e reforçando quanto ele deveria ser especial para si mesmo, ainda que não tivesse sido valorizado pela mulher. Devo dizer que posso ser um cara infernal nesse sentido, porque não desisto e não tem olhada feia que me deixe

> **Muitas vezes a gente conversa com as pessoas e as julga pelas aparências, mas não tem noção de com quem está falando.**

tímido. Depois de meses, um dia ele apareceu com roupas limpas e uma pequena mala, dizendo que tinha vindo para aceitar aquele café. Surpreso, perguntei o que tinha acontecido, e ele me respondeu "vou voltar para a mulher que me ama... minha mãe". Entramos juntos pela primeira vez na JR, e ele fez questão de pagar o café na lanchonete.

Fiquei surpreso em vê-lo daquele jeito e já fui perguntando se ele queria uma oportunidade para trabalhar na JR, a qual ele negou, depois perguntei se precisava de dinheiro para voltar para Minas Gerais, onde sua mãe estava, e ele também negou. Minha santa arrogância, mais uma vez. Muitas vezes a gente conversa com as pessoas e as julga pelas aparências, mas não tem noção de com quem está falando. Ele me explicou que havia vendido o ponto onde dormia para outro cara, e assim conseguiu dinheiro suficiente para a passagem, e que voltaria para casa para trabalhar e reconstruir sua vida. Naquele dia descobri que ele era engenheiro especialista em explosão de minas e que um emprego em determinada grande mineradora brasileira sempre estaria esperando por ele, uma vez que era um dos poucos do país que dominavam o assunto. Um homem que estudou, que tinha uma família, que tinha em quem se apoiar, acreditou que o problema pelo qual estava passando era maior do que ele mesmo, maior do que a sua vida, maior do que todas as outras coisas que ele fazia além de ganhar dinheiro. Ele deixou o problema tirar a cor e o gosto da sua vida e transformou toda a sua realidade para combinar com o problema. Ele fez a vida combinar com o problema, imagine?

Você pode nunca ter morado na rua, mas quantas vezes acabou se rotulando como "a endividada", "o separado" e começou a conversar consigo mesmo como se fosse um fracasso e, pior, a se tratar como um fracasso? Todos os dias as pessoas deixam os problemas fazerem com que se esqueçam de quem são e se esqueçam de seus valores de base – a única coisa que pode tirá-las dessa situação!

Isso ocorre no mundo inteiro, e dinheiro é um dos grandes vilões quando vemos as pessoas deixando um problema ser o governador da sua vida. Lembra-se da crise na Grécia? O mundo acompanhou a crise econômica grega, e todos os dias a gente abria o jornal e via que o desemprego entre os jovens gregos já estava perto da metade deles. Eu creio que até hoje, quando pensamos em uma crise econômica que jogue o país em caos e desesperança profunda, nossas mentes vão direto para o caso da Grécia. Atualmente, o país já tenta uma recuperação econômica, mas a crise teve consequências para os gregos muito além do dinheiro.

Entre 2010 e 2011, no auge da crise econômica grega, as taxas de suicídio aumentaram mais de 35%,[1] pois as pessoas começaram a desistir de viver por falta de dinheiro! Como se não

---

1. Disponível em: <http://www.newsweek.com/greek-crisis-has-seen-rise-suicides-and-depression-353056>. Acesso em: 27 mar. 2018.

tivesse mais nada pelo que valesse a pena ficar vivo! A maior parte dos casos noticiados de suicídio na Grécia era de homens em idade produtiva; quem era de classe média e estava na idade de trabalhar e produzir simplesmente desistiu por falta de oportunidade. Isso me dói o coração, porque esses homens poderiam ter usado a energia necessária para ter a coragem de se matar pensando em um jeito de sobreviver mais um dia e dar a volta por cima, pois é preciso muita energia e coragem para tirar a própria vida. Tudo passa, mas o que fica dentro de nós são os nossos valores, a nossa essência. Como uma pessoa pode acreditar que a conta bancária ou a fome podem definir que ela não merece mais viver?

Eu vejo esse abandono dos valores de base como uma verdadeira epidemia, e essa epidemia mata. O Brasil hoje está entre os 10 países com as maiores taxas de suicídio do mundo, algo que muitas vezes a gente ignora, mas todo mundo conhece uma história de alguém que tirou a própria vida.[2] Você sabia que no nosso país o suicídio é a segunda principal causa de morte entre jovens de 15 a 29 anos?[3] Não é natural que um ser humano, principalmente os jovens, pense em se matar ou que a vida não tem sentido. Que tipo de mentalidade criamos para nós mesmos e

---

2. Disponível em: <https://noticias.bol.uol.com.br/ultimas-noticias/entretenimento/2017/11/15/viver-sem-sofrer-e-uma-utopia-diz-especialista-em-suicidio.htm>. Acesso em: 27 mar. 2018.
3. Disponível em: <http://www1.folha.uol.com.br/cotidiano/2017/09/1920489-brasil-registra-30-suicidios-por-dia-problema-afeta-mais-idosos-e-indios.shtml>. Acesso em: 27 mar. 2018.

estamos passando para os filhos? Como uma pessoa pode ter sido o espermatozoide vencedor um dia e jogar tudo fora no outro por acreditar que tudo virou dor, que tudo virou problema?

No entanto, eu quero que você entenda bem: as pessoas que falam em suicídio, no fundo, não querem se matar, mas sim acabar com a dor.[4] Querem poder sair do problema que criaram para si mesmas, mas não conhecem um jeito de fazer isso. Como esses problemas se tornaram tão grandes? Seria inteligente dar tanto poder aos problemas? Ou dar um preço para a sua vida?

Você tem preço?

Aposto que você leu esse título e já começou a dizer que não tem preço. Será mesmo? Eu vejo que as pessoas estão confundindo valores de base com dinheiro, com a sensação de se sentirem importantes, com o ego de nunca terem sido abandonadas dentro de um relacionamento, e por isso estão se perdendo. Elas têm medo de perder o que já acumularam e acreditam que valem menos do que esses bens acumulados. Descartam umas às outras por causa de dinheiro, descartam até pais, filhos e irmãos.

O fato, porém, é que dinheiro é uma consequência de seus valores, não o valor de base que está dentro de você. O dinheiro vem quando gastamos foco e energia naquilo que escolhemos fazer, no nosso trabalho; ele é consequência de quem somos, da

---

4. Disponível em: <https://brasil.elpais.com/brasil/2017/04/24/politica/1493060585_262958.html>. Acesso em: 27 mar. 2018.

nossa capacidade, e não pode se tornar a régua para avaliar se merecemos viver ou não!

As pessoas são dependentes das próprias crenças. Lá atrás, por algum motivo, passaram a acreditar que são dependentes de algo, como se fosse uma droga, e que se fal-

> **O dinheiro vem quando gastamos foco e energia naquilo que escolhemos fazer, no nosso trabalho.**

tar essa droga não vão conseguir viver bem. Essa droga pode ser um marido, pode ser um padrão de vida, pode ser uma cidade onde não conseguem mais morar, mas não aceitam. Há pessoas que acreditam na escassez, que aquela oportunidade acabou e não existem outras, e sempre acham que vai faltar algo. Têm medo de ficar com menos dinheiro ou sem ele. Acumulam muito porque acham que sem dinheiro não valem nada. Ou seja, possuem um preço para ser felizes.

Eu tenho a minha referência de simplicidade, porque nasci muito pobre, no meio da favela, e catava latinha no lixão para sobreviver. No lixão tinha muita coisa, a gente encontrava latinha, mas encontrava também salame que o pessoal jogava fora, carrinho de brinquedo que era só colocar uma rodinha e já estava bom para brincar de novo, até sorvete que os mercados jogavam fora por ter saído da validade! Esse dia era uma festa e, como eu tinha 7 anos e não sabia ler, nem me importava que o produto estava vencido. Eu era feliz e sabia que era feliz no lixão, porque voltava para casa e meus valores estavam todos ali. Minha família, meu respeito pelas pessoas, minha verdade, meus amores. Quando falo que meus 7 anos são os mais felizes da minha vida, as pessoas não entendem, porque elas estão acostumadas a medir felicidade pelo nível de conforto e de dinheiro que alguém tem. Elas pensam: "Como alguém pode ser feliz comendo salame do lixo? Comendo fruta que sobrou do final da feira?".

As coisas eram muito mais simples! Era tão simples porque eu não tinha apego àquilo que não tinha acesso, não tinha conhecimento de valores materiais, nem sabia o que estava perdendo, em comparação com quem tinha dinheiro. Eu não me comparava e já era feliz. Então, a felicidade realmente está nas coisas mais simples. Se você voltar para a sua origem, para a sua essência e para aquilo que de fato tem valor, vai entender que dinheiro não pode ser problema. Quando uma pessoa acredita que merece viver na rua porque não tem mais dinheiro ou casamento, ela se esqueceu da sua origem. Todos nós nascemos vencedores e sem nada no bolso! Essa é uma coisa que foi criada depois, ou que criaram para você, ou seja, essa ideia de que você precisa de tudo isso para ser feliz. Se você criou o problema, você é maior do que ele. Você veio ANTES do problema, logo, tem o poder de mudar as coisas. Eu costumo chamar isso de fatores externos. O nome já diz: fatores externos, estão lá fora. O que está lá fora não pode ser maior do que você.

Antes que você seja mais um a me chamar de doido, quero deixar claro que não acredito que você seja tão grande a ponto de não ter nenhum tipo de abalo. É claro que as coisas acontecem e a gente se abala, fica triste. Ninguém aqui é robô, nem mesmo aquele Rufininho de 7 anos que era feliz no lixão. Contudo, o abalo não pode ser maior do que você. Você precisa ser suficientemente grande para que esse abalo, essa fase ou falta de sustentabilidade não se tornem maiores do que o ser humano que você é. Não é possível que você tenha um preço. Se você se deixar abalar tanto por causa da parte material, significa que você tem preço. E eu acho que não é possível que você se deixe por um preço. Você precisa valer mais do que tudo que está a sua volta em nível material.

Você só conseguirá ser feliz se tiver determinada quantia na conta? Se morar numa casa específica? Se sair para comer fora? Você tem um valor que o compra, então? Acho que ninguém gosta de ter preço, mas as pessoas passam a ter quando são ensinadas que suas vidas valem isso, à medida que acham que são dependentes daquele valor, daquele jeito de viver. Se você tem um preço, fica fácil demais ser derrubado, afinal, é só aparecer um cara mais rico que compre seus valores e deixe só o sentimento de vazio no lugar.

Eu lembro que em 2016 o país ficou chocado com aquele pai que matou a família toda, a mulher e os dois filhos, em um condomínio da Barra da Tijuca, um dos bairros mais caros do Rio de

Janeiro, e depois se matou.[5] Esse homem deixou um bilhete dizendo que ia fazer aquilo porque estava percebendo que seria mandado embora, que não era mais tão importante na empresa e que não teria recursos para manter a família. E, diante da possibilidade de ficar sem dinheiro para manter a família, era melhor terminar com tudo. Veja o tamanho da inversão de valores: o dinheiro para sustentar a família valia mais do que a família em si. Valia mais do que a união entre as pessoas, do que a mulher dele, que com certeza tentaria ajudar se soubesse da situação, valia mais do que os filhos, que gostavam mais do pai do que de estudar em uma escola particular. A loucura da sociedade chegou a um ponto tão grande que criou um assassino que acreditava que seu emprego valia mais que a sua vida e a vida dos filhos e da mulher que amava. Ele tinha preço, mas não precisava ter, pois não nasceu assim. Havia coisas mais preciosas naquele apartamento da Barra do que os carros e os móveis.

Agora você deve se perguntar quantas vezes já se sentiu dessa forma, desmerecedor de viver simplesmente por estar na pior. Seu sucesso financeiro vale mais do que a sua vida ou o amor da sua família?

A falta de esperança

Hoje o que mais vejo nas mensagens que recebo pelas redes sociais e ao dar palestras é que as pessoas estão sem esperança,

---

5. Disponível em: <https://oglobo.globo.com/rio/em-carta-homem-que-matou-familia-diz-que-estava-sem-recursos-20010349>. Acesso em: 27 mar. 2018.

principalmente porque estão buscando essa esperança no que está fora delas. A esperança, uma coisa que precisa estar e ser alimentada dentro de você, acaba dependendo de fatores externos. Os problemas que lhe acontecem vieram depois de você. Você nasceu primeiro e é muito maior do que

> **Volte lá no ponto: quais são seus valores? Não perca sua referência. Você vale mais que tudo isso.**

tudo isso. Você já chegou até aqui, construiu coisas e se formou como ser humano. Se está deixando de ter as coisas que conquistou, você continua existindo, o que significa que pode ganhar de novo a qualquer momento, é só se dedicar. A grande verdade é que os valores materiais são a única coisa que você consegue repor. É algo que vai e volta. Você está se deixando levar por uma fraqueza muito pequena, porque isso você pode consertar. Volte lá no ponto: quais são seus valores? Não perca sua referência. Você vale mais que tudo isso.

Depender dos valores externos é terceirizar a responsabilidade de criar motivação e esperança. E ela tem de partir de você, em um gesto de gratidão. Não é possível que você não se motive com cada dia que começa, pois não tem coisa mais linda do que ver o Sol nascendo, o dia começando, sentir o ar da manhã, esse momento do amanhecer é a prova maior de que tudo recomeça.

E uma motivação que você precisa ter é gratidão pela oportunidade de dar continuação à coisa mais sagrada que existe: a vida. Você tem uma, recebeu esse presente maravilhoso dos seus pais. Eles podem até ter decepcionado você, mas lhe deram a chance de estar vivo, de respirar. E as pessoas ficam esperando que o dia comece e alguém faça alguma coisa por elas, sem enxergar o milagre que é estarem vivas para poderem mudar o jogo. Esperam que a economia melhore, que os políticos resolvam a crise, que os pais as aceitem, que o chefe entenda que existem serviços que elas não gostam de fazer. No entanto, esse alguém que vai entendê-lo, aceitá-lo, motivá-lo está dentro de você.

O grande problema é que as pessoas estão vivendo o tempo todo na expectativa de que alguém vai aparecer de algum lugar e tomar uma providência que as beneficie, quando na verdade isso deveria ser atitude e iniciativa de cada um. Então, seria bom para todos. Não espere que alguém faça por você, mas faça por alguém. Eu aprendi isso com a minha mãe, que buscava as coisas que sobravam da feira, limpava tudo e ainda mandava a gente distribuir aos vizinhos o que sobrava. Ela era tão pobre e mesmo assim ajudava os outros, e transmitiu isso para mim. Você precisa dar o primeiro passo e fazer alguma coisa por alguém, e nunca esperar que alguém faça por você. E todos nós podemos fazer isso, independentemente da condição social. A sua capacidade de mudar a vida de outras pessoas não tem nada a ver com as suas posses. Tanto que os maiores, melhores, mais famosos e mais brilhantes missionários não tinham recursos. Olha quanto você pode fazer pelo outro, independentemente da sua condição social; quando você faz pelo outro, sente-se vivo, e ter consciência da vida não tem preço.

Este livro existe para que você tenha provas de que a força espiritual, motriz, mecânica, física, está dentro de você. Quando você faz algo para alguém, consegue sentir na pele a luz divina que carrega, simplesmente porque parou de alimentar a própria loucura. Essa outra pessoa, sem recurso nenhum, desperta você para aquele conteúdo que já estava aí dentro. Contudo, você também tem esse poder. Alguém fez isso com você e você pode fazer isso com alguém. Motivar as pessoas ou melhorar a autoestima delas não têm nada a ver com dinheiro: esses valores estão dentro de cada um. Você só precisa lembrá-las disso.

Acredito que, quando se fala de fé, nós realmente somos a semelhança divina, por causa da quantidade de conteúdos dentro de nós, mas muitas pessoas passam pela vida e não conseguem ver tudo o que carregam. Têm um saco de ouro nas mãos e não o utilizam. Estão à espera do outro, aquele que pode fazer algo por elas. Ora, se o outro pode, elas também podem! Têm a mesma origem. A mesma estrutura física. A mesma história. A mesma formação de vida. Você nasceu da mesma maneira, a espiritualidade está para você à medida que você se transforma. É igual para todos. E as pessoas acham que o outro tem um potencial maior, é mais inteligente, tem uma condição melhor

> **Não mude de endereço. Mude de atitude. Mude de procedimento. Reveja seus valores.**

para poder beneficiá-las. Ao contrário, é você que tem a condição para beneficiar o outro. O outro talvez tenha uma fraqueza que você não tenha. E então a reciprocidade começa a acontecer.

Você acaba absorvendo do outro, por consequência, e copia o que ele tem de melhor do que você. Não fique esperando o outro, faça por você. Às vezes, as pessoas falam sobre o país. Reclamam. O problema não é o país: o país é um pedaço de terra com coisas em cima. Quando você muda de país, muda de espaço físico, mas leva você. Na realidade, tudo que você poderia imaginar de problemas foi transportado ao mudar de território, pois seus problemas seguem você! Aquilo é só um território, se você ocupar aquele local, vai levar tudo com você. O que tem de valor está dentro de cada um de nós. Não mude de endereço. Mude de atitude. Mude de procedimento. Reveja seus valores.

O ódio também é uma doença

Vamos pensar no conceito da gratidão desde o primeiro capítulo, porque, apesar de essa palavra ter se espalhado por aí, o problema é que o sentimento não se espalhou. O sentimento que mais se espalhou entre nós nos últimos anos foi o ódio, e não a tão famosa gratidão.

Eu vivo dizendo para as pessoas: "Cara, você levantou de manhã. Depois da gratidão, abra um sorriso!". Como começar a resolver o problema mais grave da sua vida? Com gratidão. Depois é preciso sorrir para trocar energia, e se abastecer de energias boas. Isso evita que você tenha qualquer tipo de ressentimento, sentimento negativo, como o ódio. O ódio é um sentimento tão pequeno que você deveria descartá-lo, nem que fosse apenas por inteligência. A maioria das doenças começa com sentimentos negativos produzidos por nós mesmos. Temos poderes para produzir tudo. Para que produzir doenças, baixa autoestima, depressão? Isso parte de sentimentos negativos, e o ódio tem tudo a ver com isso. Não odeie ninguém, mesmo se você estiver coberto de razão. Amar as pessoas vai fazer bem para você, e é uma atitude inteligente.

Ao despertar o ódio, a sua formação e reação química, cientificamente provada, reage contra você. Por que fazer isso com a sua vida? Tenha amor, porque o amor é leve, e aquela pessoa que faz tudo para ser odiada pode ser amada por você, e isso vai deixar a sua vida melhor. Amar o próximo é leve. Você não se apaixona por você? Não gosta de você? Isso não lhe faz bem? Repasse isso para o outro. Isso aumentará o volume de paixão e amor que você tem por si mesmo. Você vai conseguir disseminar isso para todo mundo a sua volta e, como consequência, vai conseguir viver em um mundo melhor.

O PODER DA POSITIVIDADE

Quero deixar você com essa ideia bem firme na cabeça. Tive quase 60 anos de vida para cair e levantar tantas vezes que aprendi que quem tem poder e capacidade para construir um mundo melhor somos nós, individualmente. Então, comece agora, por você. Não precisa ninguém ver. Isso é coisa de sentimento, energia. Não precisa mostrar, precisa sentir, acreditar e fazer acontecer. É possível ser feliz, e isso não tem como comprar. Não vamos misturar valores. Todos nós nascemos com valores suficientes para poder buscar o que todo mundo briga a vida inteira para conseguir, que é ser feliz.

CAPÍTULO 2

Você mesmo se afunda e não percebe

Vejo muita gente se sentindo infeliz, mas sem saber como encontrar a felicidade, por onde começar. As pessoas dizem viver relacionamentos complicados e insatisfatórios, sentem o tempo todo que vivem com menos do que precisam, se afundam em inseguranças, com medo de que puxem o seu tapete, sem ânimo para acordar e viver cada dia. Eu olho para isso, para a grande maioria das pessoas que encontro e que reclamam sempre, e penso como ficou normal alguém dizer que não tem tempo nem ânimo para nada, nem mesmo para prestar atenção na borboleta que o netinho de 2 anos chamou para ver.

Você lê isso e provavelmente concorda: "Pô, Rufino, mas é verdade, o trânsito é caótico, o trabalho é ingrato, não dá para passar tempo suficiente com quem amamos, e quando consigo me dedicar aos meus relacionamentos me sinto culpado porque deixei para trás uma pilha de obrigações, todo dia eu durmo e acordo com o peso das responsabilidades".

Vamos resolver esse problema bem rapidinho? O primeiro passo: a responsabilidade disso é toda sua. Se você se deixou levar pelo turbilhão da vida, não culpe os outros nem a cidade. Se existe trânsito para você, existe também para milhões de pessoas. É você que não consegue ouvir um audiolivro no carro e aproveitar seu tempo, ou ligar para a sua mãe no viva-voz e investir um pouco no relacionamento com ela enquanto se distrai. Você acha que eu não pego trânsito, que não fico com problema com a operadora de telefone, não pego fila para renovar um documento? Trabalhar para se sustentar e se relacionar com pessoas diferentes de você é algo que todo mundo tem de fazer, você não foi o escolhido para sofrer. É você que está fazendo isso consigo mesmo!

> **Acredito que temos capacidade tanto de ser fracos quanto de ser fortes, e podemos escolher uma das opções.**

Acredito que temos capacidade tanto de ser fracos quanto de ser fortes, e podemos escolher uma das opções. Podemos exercer nossas fortalezas ou nossas fraquezas. A fraqueza existe dentro de cada um de nós, porém ela não é positiva; ela pode ser o seu momento de cansaço, de preguiça para buscar uma condição melhor.

No entanto, você sempre se arrepende da fraqueza e sabe que está sendo fraco quando isso acontece. Então não exerça isso, pois você conhece exatamente as situações em que se deixa levar.

Somos todos vulneráveis, mas podemos nos blindar

Todos somos vulneráveis, então, quando somos pequenos e estamos criando valores de base, nossos pais podem nos empoderar – quando elevam nossa autoestima – ou nos destruir – quando nos deixam pra baixo. Isso é feito quando nos dizem que podemos ou não podemos fazer algo, que somos bonitos ou feios, ou mesmo quando fazem declarações sobre a nossa essência, mas não estamos preparados psicologicamente para ouvi-las, pois não temos ainda a personalidade formada. É um momento em que estamos construindo nossa personalidade, então, feliz ou infelizmente recebemos influência do meio em que vivemos. E aí vêm a mãe, o vizinho, o tio, o colega de escola, o professor, e cada um trará uma informação que será filtrada, negativa ou positivamente, para a nossa formação, e muitas vezes aprendemos com eles a apelar para a fraqueza quando a situação aperta, a perder o controle emocional, a empurrar a vida com a barriga.

Sei que não dá para voltar lá atrás, na sua infância, e mudar aquilo que talvez não tenha levado você a caminhos mais fáceis na vida de adulto. Quando criança você não tem muita opção, é influenciado pelo meio, mas se você já passou dos 14 anos pode parar de culpar seus pais, viu? Você pode ter muitas sequelas de uma criação que não foi a ideal, mas a fase adulta está aí para isso, para você se reconstruir. É preciso lembrar o seguinte: você tem poder suficiente para rever isso. Volte a página e comece de novo. Se você tiver humildade de começar de novo, conseguirá reconstruir o seu trajeto, a sua crença, o seu jeito de lidar com a vida para aprender a sofrer menos ou, na verdade, não sofrer nada! Será protagonista de sua história daqui para a frente. Você consegue rever tudo o que passou, porque tem um poder ilimitado, pode voltar no seu subconsciente, na sua mente, no seu cérebro, e insistir com ele que agora você é outro; só a insistência vai permitir que você recomece. E o seu cérebro vai aceitar, porque quem manda nele é você.

Além disso, temos também um papel importante em relação aos demais: cabe a nós, adultos, fazer com que as crianças da nossa vida tenham a melhor formação possível de personalidade, acreditem que podem fazer o melhor, que são fortes, explicar que podem realmente exercer a semelhança divina. Como vão usar isso positivamente em favor delas mesmas e do próximo? Fazendo com aqueles que estão por perto o que gostariam de fazer por elas mesmas, compartilhando com o próximo os poderes que

> **Você deve buscar a energia na sua espiritualidade, no que pensa, fala, acredita, com insistência.**

já nascem com elas. Esse pode ser um recurso para trabalhar, por exemplo, a questão do *bullying* entres as crianças, algo de que tanto se fala hoje em dia.

Como eu paro de sofrer?

Você deve buscar a energia na sua espiritualidade, no que pensa, fala, acredita, com insistência. Eu digo isso por experiência própria. Quando observo algum mau hábito que trouxe comigo ou alguma crença que hoje me prejudica, busco corrigi-los porque sei que tenho poder para isso. Basta que eu insista comigo que aquilo não me pertence. Insistir não é coisa de uma hora para outra, de um dia para outro, é insistência de semanas, de meses, de vigilância sobre você mesmo. Eu decidi que ia acordar todos os dias e reescrever minha história porque me recusava a ser estatística. Não queria ser estatística de empresário falido, de preto de favela que vira bandido, de pai que ganha dinheiro, mas se afasta dos filhos e gera herdeiros que não sabem cuidar do negócio da empresa. Todos nós podemos fazer isso a partir de qualquer ponto de nossa vida. Já se fala naturalmente que passamos pela vida e não usamos 10% de nossa capacidade mental. Isso significa que você tem espaço para trocar tudo o que quiser. Comece de novo, você tem um cérebro que é uma máquina maravilhosa à sua disposição. Eu faço o melhor do que entendo que está bom para minha vida e me deixa feliz. E recomeço tudo que pode ser melhorado. Porque tudo que fazemos na vida pode ser melhorado.

O PODER DA POSITIVIDADE

Muito da nossa frustração vem de um desejo não assumido de pular etapas. Você acha que já deveria ter uma casa própria, porém mal conseguiu se manter por mais de dois anos em um emprego, ou seja, não tem estabilidade emocional para se comprometer com um imóvel por vários anos! No fundo, você queria queimar essa etapa de passar anos construindo o adulto que pode assumir um financiamento ou uma economia para a entrada. Há uma escada para subir, que é a vida, e às vezes as pessoas pulam degraus. Acham que são espertos porque estão na frente do outro. Não! Seu cérebro não é burro. Ficou um vácuo lá atrás, e é por isso que a maioria dos ganhadores de loteria não consegue manter o dinheiro; o cérebro não sabe como ganhou aquilo, então o tempo todo ele vai ficar conduzindo o cara para voltar à condição original com a qual ele sabia lidar, porque não houve tempo para construir essa nova condição de riqueza. Seu cérebro sabe que ele pulou uma etapa.

A humildade é brilhante por causa disso, ela forma pessoas que estão prontas para receber suas bênçãos. Não se trata de dar uma rezinha com o carro, e sim voltar um degrau. Quando você aceita que ainda não está pronto, desce de novo aquele degrau que pulou e dá a chance de ficar mais firme para saltar.

Então, por inteligência, tome a decisão de querer recomeçar todos os dias. Levante-se de manhã e faça uma reflexão do dia com muita gratidão por estar vivo e ter aquele dia de oportunidade para recomeçar; com certeza você encontrará um ponto para iniciar. Você terá mais motivação para melhorar seu dia se tiver esse trabalho de recomeço. Ter humildade para reconhecer que o problema é seu também vai levá-lo de volta ao controle da situação. Se reconhecer isso e não terceirizar, não achar que a culpa é da sua mãe, do governo, da economia, do seu vizinho, do seu trabalho, do cônjuge, então já dá para estudar o que fazer com o seu problema. O problema é seu, mas dá para dividir, usar recursos, pedir ajuda, distribuir, fazer o que quiser quando assumir a responsabilidade por ele. A questão é que as pessoas encontram um problema e ficam tentando terceirizar, achar um culpado. Então, demoram para descobrir e o problema começa a crescer, porque ninguém assumiu aquilo. Se demorar muito, ele pode ficar tão grande que talvez não consigam mais lidar com ele. Fique atento, pois, assim que entender que aquele problema é seu e o pegar de volta para você, então conseguirá finalmente começar a trabalhar. E parar de sofrer!

Não jogue a culpa em terceiros

Nós não temos poder sobre terceiros, então não devemos dar poder a eles. Da mesma forma que você não tem poder sobre alguém, não deve se deixar levar e dar poder a ele e deixar que ele o incomode! Isso é a coisa mais lógica do mundo. Muitas vezes, as pessoas se viram para mim para contar algum caso que desmontaria minha tese: "Ah, Rufino, mas a pessoa me jogou praga, quer me ferrar, falou na minha cara". Eu sei que isso existe, mas mande jogar praga num líder mundial pra ver se pega. Não acontece nada! Você não tem poder de atingir o terceiro, a não ser que ele permita. A diferença entre lançarem uma praga sobre você e ela o atingir é a autorização que você deu para que isso acontecesse.

Você autoriza o outro a feri-lo quando acredita que ele tem essa capacidade. Desse modo, você abre a guarda e a energia que não é sua vai entrar e fazer uma festa com a sua vida. Eu não acredito que o outro tenha poder de me atingir. Talvez por isso minha guarda nunca esteja aberta. Sou feliz desde pequeno, nunca tive um problema maior que eu, sempre acho que a responsabilidade é minha e não do terceiro, tenho poderes e os uso bem ou, às vezes, mal. Quando o uso mal, ele recai sobre mim. Então, essas coisas que eu faço e chamo de *m&rd@* acontecem quando uso indevidamente meus poderes. Não terceirizo esses poderes justamente para não deixar na mão das pessoas o que é da minha responsabilidade.

Se tenho algum problema, começo a resolvê-lo pela origem e reconheço que é meu. Ao reconhecer isso, qualquer problema fica menor. Acho que as pessoas têm muitos problemas e convivem muito tempo com eles porque demoram para reconhecer que são delas. Ficam terceirizando. Repito: não faça isso! O problema é seu. E se você muda de lugar, casa, endereço, família, cidade, país, não faz diferença. A personalidade é sua e aonde você for ela vai junto. Você transferiu seu problema com você.

Um dos grandes segredos para você sair da situação na qual

se colocou é ter a velocidade necessária, nem que seja por inteligência, para assumir tudo. Olhe no espelho, pois ali está um verdadeiro gerador de problemas. Quando você nasceu não tinha problemas. Se ele existe depois de você e o está afetando, foi gerado por você. Eu nunca tive um problema

> **Pegue tudo para você, analise o que dá para agir e logo em seguida aceite o que não pode mudar.**

que entendesse que não fosse da minha responsabilidade, a não ser os que já estavam ali quando nasci. Eu procuro ajudar, cooperar, ajustar, modificar e, se possível, assumir até os que já existiam, para poder cuidar. Os que nasceram depois de mim, não tenho dúvidas, direta ou indiretamente, são da minha responsabilidade. Então, fica fácil.

Veja sempre que todo problema possui duas saídas: ou assumir o problema e resolver, ou – se ele for uma situação que não é possível resolver – apertar a teclinha. A teclinha do f*da-se. Pegue tudo para você, analise o que dá para agir e logo em seguida aceite o que não pode mudar. Não sofra, faça um corte rápido de samurai para se separar do sofrimento que não tem jeito. Ninguém merece sofrimento nem por causa do outro – se alguém com quem você tem uma relação o faz sofrer, aquela pessoa já deixou de merecer. Ninguém merece sofrer por causa do outro.

Você pode ajudar a todos, mas sofrer, não. Você deve ter a atitude de mudar, aceitar, afastar-se, evoluir, mas não deve sofrer.

Sempre pensei da seguinte maneira: só se vive uma vez. E eu vivo cada um dos meus dias como se fosse o último. Não sei se existe plano B, amanhã ou segunda chance. Então não sofro por nada. Não sofri nem quando fali e vinha a companhia de luz tentar cortar o fornecimento da empresa. Recebia todo mundo com um sorriso no rosto. Eles se espantavam, mas se eu estivesse chorando iriam embora? Não ia mudar nada. Colocava a cabeça no travesseiro e dormia, porque não dormir também não apagaria a minha dívida. Assim, não importa o que aconteceu com você, faça a opção de não sofrer mais a partir de agora. Se precisar buscar justiça, busque. Se precisar conversar com alguém que o magoou, converse. Parar de sofrer e de se identificar tanto com o sofrimento é a melhor ação que você pode fazer no processo de resolver seus problemas. Não sofrer e não achar que aquilo é o fim do mundo vão trazer clareza para as suas ideias.

Relacionamento é complicado mesmo?

Quando falamos de sofrimento, acho interessante mencionar os relacionamentos. Existe aquela música do Vinícius de Moraes que diz: "O amor só é bom se doer", mas eu discordo totalmente dessa crença. Relacionamento é uma coisa maravilhosa e simples, se está complicado, acho que nem preciso dizer quem é o culpado disso. Preciso? Ou você ainda está com o espelho no colo?

Antes de começar a desfiar o rosário de tudo que o outro fez a você, acompanhe-me neste raciocínio. Felicidade é paz de espírito, tem de estar dentro de cada um de nós, então sua felicidade não depende do outro, ponto. Se o outro não está mais com você, algum motivo você deu. As pessoas têm de gostar de você naturalmente, não tem de ter uma fórmula, uma situação ou uma condição. Se a pessoa não gosta mais, você não pode sofrer nem ser infeliz por causa disso. Tem de agradecer. Deus não está com tempo pra sacanear ninguém. Ou você acredita que só o que é seu vai ficar na sua vida ou não acredita. Você tem chance de sair de onde está para ir para um lugar melhor. As pessoas quase se matam por causa de uma relação, mas algum tempo depois do fim do relacionamento encontram a pessoa da vida. Era outra pessoa. Você precisa acreditar. Você é um ser divino. Só lhe acontecem coisas boas. Você não pode se precipitar e querer pular aqueles degraus para chegar já na reta final.

Você acha que pode viver em função do outro e, na verdade, precisa aprender a viver em função de si mesmo. Se possível, deve servir o outro sem esperar nada em troca. Se o outro for embora, é porque não quer ser servido. Sempre haverá alguém que vai te amar, apaixonar-se por você e querer cuidar de você com todo carinho e amor que você merece. Não importa se você se acha velho ou feio, pois não é por beleza ou juventude que as pessoas decidem passar a vida juntas. No entanto, a pessoa certa só vai aparecer se tiver vaga aberta deixada por alguém que não estava fazendo o que precisava. Quando alguém sair da sua vida, agradeça, porque virá alguém novo e bem melhor para esse posto. E torça para que essa pessoa que o deixou também encontre a outra metade.

> **Percebo que aqueles que têm medo de ficar sozinhos não acreditam em si mesmos.**

Pense que você é como um rio que inevitavelmente vai desaguar no mar, e o mar é o relacionamento que vai fazer você feliz. É inevitável que você corra para esse lado, é inevitável se achar no mar depois do percurso. Antes disso, esse rio vai passar por muitas cidades, muitos vilarejos que precisam de água, muita gente que precisa de um pedaço da sua alegria, da sua honestidade, dos seus valores; você vai passar por essas pessoas e elas passarão por você para trazer vida, para completá-lo com o conhecimento que você ainda não tem sobre si mesmo. Não adianta ficar nervoso e frustrado porque aquela pessoa que o deixou não era o mar. Você levou água para a cidade dela, e ela deu luz para que você se conhecesse. Se agiu mal, é uma pena, mas fez parte do seu percurso até o mar.

Apaixone-se por si mesmo

Percebo que aqueles que têm medo de ficar sozinhos não acreditam em si mesmos. Quem acredita e se apaixona por si mesmo jamais deixa de despertar a paixão em alguém. Quando você é apaixonado por você, alguém também o é. Essa é a energia gerada e essa pessoa nunca estará sozinha. Estará sempre com alguém em pensamento e também fisicamente. As pessoas que se apaixonam por si mesmas, que têm amor próprio, que se gostam, produzem uma energia que atrai mais pessoas. Em todo lugar que elas estiverem, haverá alguém querendo ficar perto. E nessa hora é preciso se desprender do egoísmo. Você não **tem de** ter alguém do seu lado. É essa energia natural que vai atrair, não é uma condição: é da natureza. Isso vai atrair pessoas porque sua energia atrai isso. Chamamos isso de carisma, de magnetismo.

Minha mãe me dizia que eu era lindo de morrer e eu acreditei, e desde então sou apaixonado por mim. A grande maioria das pessoas, porém, não teve essa sorte e não tem ânimo para acordar e viver o dia, pois lhe falta paixão. Se não está se apaixonando por você mesmo, então não consegue ajudar os outros, não consegue oferecer nada para criar prosperidade, para criar um relacionamento legal.

É o mesmo conceito usado nas orientações que recebemos quando estamos em um avião e ocorre turbulência; a aeromoça sempre orienta: "Se a cabine despressurizar, vão cair máscaras de oxigênio, mas, antes de tudo, coloque-as em você". Você vale muito. Podem estar ao seu lado a sua mulher, o seu filho, o seu neto, mas você só deve cuidar deles depois de se cuidar. Você precisa cuidar bem de alguém, mas primeiro precisa cuidar de você. Para cuidar de alguém, precisa cuidar de si mesmo primeiro, do contrário, em breve precisará de dois para carregá-lo. Levará trabalho para as pessoas em vez de ajuda. Para ajudar, precisará estar mais forte do que aqueles a quem você está ajudando. Precisa cuidar primeiro de si mesmo. As pessoas esperam muito do outro. Você precisa estar pronto para dar muito ao outro. Fortaleça-se. Isso é possível através da paixão por si mesmo.

Quem tem paixão e ama a si mesmo se cuida e fica suficientemente forte para cuidar de quantos forem necessários. Uma coisa legal, um gesto que me fortalece muito: eu doo tudo para os outros e me esforço para doar tudo que sobra da minha energia e da minha atenção tanto para conhecidos quanto para desconhecidos. Isso porque eu produzo com sobra, eu me priorizo muito e daí sou capaz de doar o que sobra. E jamais espero que me doem algo de volta ou que me retribuam com um "obrigado". Eu já estou abastecido. Sentimento, algo material, convivência, relacionamento. Tudo que eu doo é porque já produzi o suficiente para mim. Não teria sentido a pessoa ter de me devolver: é sobra.

Se você sente que está sempre exausto, chegando do trabalho e se enterrando na frente da TV, sem ânimo para fazer um curso, para brincar com seu filho, perceba se não é falta de amor-próprio, pois, como você não se cuida, não sobra absolutamente nada para cuidar de alguém. Você se chama de preguiçoso e se trata como seu pior inimigo. Imagine se seu chefe falasse com você desse mesmo modo: você jamais faria qualquer coisa.

Sem autoestima, sem se apaixonar por si mesmo, você perde a oportunidade de ter o que a vida nos dá de melhor: o tempo. Não faz nada e fica esperando que o tempo passe. Olha, preciso lhe dizer algo muito importante: o tempo não volta. Não tem plano B nem *replay*. Enquanto você não se ama, não vai conseguir sair do sofá. Enquanto você não está apaixonado por si mesmo, precisa viver e não está vivendo. O pior é que isso o leva a acreditar que precisa de alguém para que a vida aconteça. E isso é um erro. Você não precisa de ninguém para que sua vida aconteça.

Somos interdependentes, mas autossuficientes. Precisamos das pessoas porque tudo o que fazemos na vida tem conexão com outra pessoa. Valorize as pessoas, porque são elas que valem mais no mundo. Conecte-se e dê valor a essas conexões, mas sempre partindo de você, da sua completude. Seja inteiro e autossuficiente na medida para poder se doar e valorizar o outro. Se todos começarmos a ter isso, cresceremos como seres humanos. A humanidade vai crescer à medida que um ser aprender a valorizar o outro e não se achar menor.

Saber se amar e se preencher de carinho, cuidado e atenção até o ponto em que sobra para o outro não deixa

> **Sem autoestima, sem se apaixonar por si mesmo, você perde a oportunidade de ter o que a vida nos dá de melhor: o tempo.**

O PODER DA POSITIVIDADE

espaço para discriminação, preconceito, homofobia em sua vida. Tudo isso tem a ver com esse valor humano. Quem se valoriza acredita em si e se apaixona por si mesmo, na autossuficiência de cada um, e não se deixa levar por preconceito, racismo ou intolerância. Você não vai sofrer com o desprezo do outro porque está preocupado em se amar e criar uma vida incrível. Ele que se vire com o veneno do preconceito que produz; não abra nem uma frestinha para que sequer uma gota passe para você. Eu nunca me senti menor, frágil ou atacado pelo preconceito racial dos outros. É claro, se alguém me tocar fisicamente, vai ter uma reação física. Contudo, se não for físico e você não precisar se defender, não ataque. Não queime energia à toa. Deixe o outro. Para mim, o preconceito do outro e o que ele acha de mim são fatores externos, e não me abalo com fatores externos. Eu me considero blindado desde pequeno. E a maior força da blindagem volta ao ponto da ordem dos valores: quando você está em formação, quando é garoto, e as pessoas não colocam suas fraquezas na sua cabeça tão facilmente, você tem muito mais qualidade, fortaleza, mais energias do que fraquezas. As pessoas deveriam ajudar mais as crianças, a embutir na mente delas a lembrança das riquezas, das fortalezas, e não das fraquezas. Porque assim elas sairiam para o mundo prontas para curar uma sociedade doente. Se não fizeram isso com você e hoje já é adulto, lembre-se: há a opção de mudar. Você tem o poder de mudar.

Para que lado você olha?

Outra grande fraqueza humana é olhar para os 10% da vida que não são bons. Porque, se você for colocar a sua vida na balança, vai perceber que 90% da vida é magia demais, é cheia de milagre.

Quer mudar de vida? Comece mudando a sua. Quer melhorar de vida? Comece mudando com os seus. Quer ser feliz? Sorria. Comece agora. Ninguém o impede de fazer isso. "Ah, mas fulano faltou, perdi alguém, alguém morreu". E vai morrer mais alguém. Isso não pode mudar, mas você pode mudar daqui para a frente antes de perder mais alguém. Vai conviver melhor com os outros? Vai aceitar essa pessoa ou vai viver em choque e esperar que ela também vá embora e deixar de sorrir por isso?

Vamos viver agora. Seja feliz agora. Depende de você.

Uma criança que mora debaixo da ponte se diverte jogando uma bolinha de papel e sorrindo, gritando, feliz. Daqui a pouco ela deita no canto, põe um jornal e dorme. Feliz. Olhe onde você está. Veja como você é pequeno e não está conseguindo sorrir. Perceba a ingratidão, o desaforo com a vida que você recebeu de graça. Você está pegando a oportunidade divina de ser privilegiado. "Ah, Rufino, mas isso não tem nada a ver com meus problemas com meus sócios", você pode me dizer, e eu digo que tem tudo a ver. Tudo está conectado. As pessoas precisam voltar para suas origens. Você nasceu e não tinha nada. Era um "espermatozoidezinho" que deu certo. E aí? Daí para a frente é só gratidão. Você nasceu, tem espiritualidade, é um ser divino e começa

O PODER DA POSITIVIDADE

a construção de seus valores. No entanto, cresceu, ficou bobo e perdeu a referência, achando que tudo está difícil. Não: é você que está criando dificuldade para tudo.

Nós passamos a ser geradores de problemas e dificuldades que criam esse clima de incerteza, insegurança, instabilidade, que acaba com a saúde e daqui a pouco o seu tempo termina. Você passou por aqui e não viveu. Só pensou em data de boleto, só gastou energia carregando mágoa das pessoas, só viveu com sentimento de injustiça porque todo mundo tinha o poder de feri-lo. Alguém feriu você ou você é que era "ferível"? Alguém o enganou ou você é que era "enganável"?

Se você ainda está insistindo que seus problemas não dependem só de você para serem resolvidos, que existem fatores externos, lembre-se de que são EXTERNOS. Você pode ser feliz independentemente disso. Tem muita gente feliz que faz questão de morar debaixo da ponte, e sorri, agradece e à noite reza. Você está num local com ar condicionado, dormindo numa cama limpa e lamentando que no dia seguinte tem de resolver um problema. Olha como você é pequeno e usa pouco as oportunidades e seu conteúdo interno.

As pessoas me perguntam como eu consigo ser tão feliz e sorrir na primeira hora do dia. Eu pergunto: "Como você NÃO consegue?". Porque eu não preciso de nada para fazer isso. Só de mim. Estou vivo. Estou aqui. Para você, não vale a pena sorrir de manhã ao descobrir que está vivo e tem mais um dia? Então, agradeça e vá fazer algo condizente! Alguma coisa que tenha consonância com aquilo que você se propôs a buscar e fazer, coloque-se à altura da ocasião que é estar vivo. Tome iniciativa, movimente-se. Tome atitude com base naquilo que você busca e acredita.

Onde estão os seus valores? Todas as vezes que você se sentiu vazio, sem lugar, pobre de espírito, para o que você apelou? O que o sustentou? Quando você pensar na espiritualidade, em um ente querido que se foi, num problema de saúde, na falência de algo físico que você adoraria não ter perdido, verá que nessa lista os problemas relacionados a dinheiro são o tipo que tem solução mais fácil. Porque não dá para curar um câncer sozinho, ou trazer de volta alguém que morreu, mas dá para ganhar dinheiro, sim. E que bom, porque você pode buscá-lo. No entanto, não pode buscar um monte de coisas de maior valor.

Se eu tivesse de buscar meus valores de volta, acha que eu não ia querer ter minha mãe? Como algo vale mais do que isso? Eu entregaria toda a minha riqueza hoje mesmo para trazer o valor familiar que ela representava na minha vida. Reflita sobre isso. Eu sou apaixonado por conforto, grana, bens, mas respeito a ordem que isso tem na minha vida, ou seja, desde que não atinja meus valores.

> **Tome iniciativa, movimente-se. Tome atitude com base naquilo que você busca e acredita.**

Isso não é valor, e acho que, na minha lista, quanto à parte material, é consequência do que estou buscando. Meus valores são maiores do que isso.

Por isso não sofro, nada que me acontece dói porque não está ferindo meus valores. Quando bate um carro eu agradeço, independentemente da circunstância, porque entendo que isso faz parte do processo – como já disse, é você quem gera seus problemas. E continuo grato. Acredito que essa atitude só fortalece a blindagem que recebi desde pequenininho.

Eu me blindei a vida toda e vejo que todos os meus problemas na verdade foram anticorpos. Você já deve ter passado por uma situação tão difícil que, depois dela, muitas coisas das quais reclamava viraram refresco. Você criou anticorpos, já não se assusta tão fácil, não cai doente no primeiro ataque. Do meu ponto de vista, boa parte das doenças vem daí. A pessoa não tem anticorpos porque os melhores anticorpos da vida inteira vêm da blindagem emocional e espiritual para encarar os problemas. No sorriso, nas coisas mais simples. No carinho, na emoção, na alegria de viver. São produzidos assim. Cada vez que você sorri, nessa centelha que tem no cérebro, que se alegra e faz o bem para alguém, multiplica seu potencial de anticorpos. Você fica mais saudável! Cientificamente já está provado que, se você sorrir, vai ser mais saudável. Então sorria, nem que seja por inteligência, mas sorria de verdade. Trate bem as pessoas e as queira bem de verdade. As pessoas ficam odiando umas às outras. Não entendo por que fazem isso... Se a outra pessoa for blindada, isso vai ficar com você.

Quais são as suas referências?

Você cria uma situação e por que deveria sofrer? Qual a diferença em sua vida se hoje ganhou algo a menos? Não teve a oportunidade de dar um abraço? Você encontra tanta gente o dia inteiro, sempre vai ter a oportunidade de dar um abraço e espera chegar em casa para abraçar alguém? Dê "oi" para quem encontrar pelo caminho. Tomou uma fechada de um motoqueiro? Sorria para ele e veja como ele fica sem jeito.

As pessoas estão perdendo a referência de valores, e todo mundo está em busca de um valor imaginário. Quando você vai embora, está todo mundo buscando um valor que você não leva. Eles são um pedaço de você e você só vive uma vez. Vivo os melhores dias da minha vida todos os dias. Tenho as melhores felicidades da minha vida todos os dias. Faço as melhores conquistas da minha vida todos os dias.

Eu sonho. Eu realizo meus sonhos todos os dias. É muito fácil: eu sonho em ser feliz. E todos os dias saio para buscar meu objetivo, da manutenção da minha felicidade. Vamos conversando e tudo que eu fizer, imaginar, vamos falar de valores e você verá que minha vida é constituída dos meus valores. Acho muito importante. As pessoas perguntam: "Como você consegue ser feliz assim, sorrir o tempo todo?". É fácil. Eu busco isso com uma facilidade muito grande. Uma coisa que faço para as pessoas e todo mundo deveria fazer: eu faço só o bem, só passo energia boa. Já vivi no lixo, comia o que achava no lixo, mas não carrego lixo. Aquilo foi anticorpo. Não carrego nada que alguém possa ter me feito de negativo. Gosto das pessoas e pronto.

Quando alguém me faz algo negativo, tenho dó e a sensação de que essa pessoa está com um problema. Acho que ela não queria agir assim. Desse modo, isso ficará com ela e não me atingirá. Então, eu procuro sempre ajudar as pessoas sem esperar reciprocidade. Ajudo e pronto. Não espero reciprocidade, nem um "obrigado". Se tenho gratidão pela oportunidade de ajudar, acho que é um privilégio. Ser ajudado é muito bom, mas ajudar é muito melhor. Se tenho o privilégio de poder ajudar, então ajudo. Você já teve o privilégio de ajudar e está esperando que alguém lhe agradeça? Então você não ajudou, só negociou. Fez uma troca. Não faça isso com você! Seja apaixonado por você. Eu faço e largo. Meu cérebro não espera retorno. Eu uso esse espaço para fazer outra coisa, já estou tão preenchido de amor e cuidado por mim mesmo que não preciso disso dos outros.

Você não é um produtor de energia com capacidade de produzir a própria energia? Aquilo que você doou vai fazê-lo produzir mais ainda. Igual mina d'água: quanto mais água você tira, mais cristalina sai a próxima. Que tipo de retorno você espera? Por que doou? Você não doou um órgão. E mesmo se tivesse doado, está esperando retorno? Era melhor não ter doado.

Redesenhe sua vida e história. Todos os dias você ganha um calhamaço de páginas em branco. Por que não a reescreve? Por que não fazer isso? A vida é imensa. Você tem todo um calhamaço e vai ficar rabiscando o que lhe fizeram lá atrás? Consertando, remendando? Escreva de novo. A página está em branco. Nós temos o poder para não deixar todas essas páginas em branco. Não é possível que você não se apaixone por si mesmo a ponto de querer recomeçar.

CAPÍTULO 3

Reconecte-se com os seus valores

É provável que você seja refém de situações como:

- Uma angústia que o impede até de saber por onde começar.
- Não dormir direito porque pensa nas contas que não vai conseguir pagar no final do mês.
- Não conseguir conversar olhando nos olhos do seu filho porque, embora reconheça que cometeu muita grosseria com ele e mesmo assim acredite que esteja com a razão, também reconhece que poderia ter sido mais amoroso.

Como fazemos para virar o jogo? Quando alguém descobre que eu já fali seis vezes e voltei a me levantar, a primeira coisa que me pergunta é "Como você fez isso? Como?", e a resposta sempre foi a mesma: "Foi simples, eu nunca perdi meus valores".

Eu já devi mais de 20 milhões, mas nunca deixei de me importar com estes valores, nesta ordem: Família, Humildade,

Positividade, Paixão, Não julgar as pessoas, Praticar o bem e Ser feliz. Se estivesse morando em um barraco, essa seria a minha ordem de prioridades; hoje, faturando milhões por mês, a ordem continua a mesma. E isso é o que gera resultados na minha vida.

Quando passei pela minha pior falência, certa vez foram cortar a luz na JR Diesel (aquele lugar onde tudo acontece) por falta de pagamento. Quando os funcionários da concessionária de energia chegaram, eu os recebi com um grande sorriso no rosto. Eles logo me perguntaram: "Mas você está sorrindo?". Respondi na mesma hora que, se chorando eles fossem embora, eu poderia chorar também. Como chorar não faria a diferença, convidei todos para entrar e tomar um café e conversei com eles. Enquanto eles repassavam o processo, minha irmã, que era a dona da lanchonete da JR na época, telefonava incessantemente para eu descer e almoçar ou ela iria até mim com a comida. Um valor de respeito à minha família que nunca perdi é: se a minha irmã mais velha me liga, eu não a ignoro, se me chama para almoçar, eu vou na hora. Não importa que a empresa é minha, ela é minha irmã mais velha e devo respeito a ela. Eu tentava negociar com o pessoal da companhia de luz, e ela ligava para mim e me ameaçava, até que cansei de negociar e chamei todo mundo para almoçar comigo. Descemos para comer e conversamos, e, no final do almoço, eles disseram que o expediente já estava terminando e voltariam no dia seguinte.

No dia seguinte, eles voltaram, a mesma equipe, mas dessa vez sem a menor pressa, e informaram que não poderiam sair dali sem cortar a energia, porque o veículo era rastreado e eles seriam punidos. A não ser que eu apresentasse o pagamento de pelo menos uma parcela da minha dívida. Então disseram: "se você conseguir alguém para sair e pagar isso agora, conseguimos manter o serviço para você e a empresa não para". Na mesma hora, liguei para aquela mesma irmã que me aporrinhou no dia anterior, e ela saiu com o boleto para pagar, dei um jeito de levantar o dinheiro (a parcela era bem menor do que a totalidade da minha dívida) e, enquanto ela não voltava, ficamos tomando um café. O líder da equipe perguntou para mim se eu me lembrava deles, não do dia anterior, mas de muitos anos antes. Em um Natal, alguns anos antes disso, eu havia comprado cinquenta cestas de Natal (para ajudar alguém, é claro) e a JR tinha doze funcionários. No dia da entrega das cestas, a equipe da companhia de luz estava na JR para fazer reparos e eu percebi que eles estavam olhando bastante para o momento da distribuição. O técnico comentou com um dos meus funcionários que eles tinham acabado de ser privatizados e naquele ano não teriam nem cesta nem bônus de Natal. O funcionário veio me contar e pedi que ele desse uma cesta para cada um. Eram as mesmas pessoas! Eles disseram que aquilo mudou o final de ano deles completamente e nunca se esqueceriam disso, que estavam muito tristes de vir cortar a minha energia e que se sentiram muito mal no dia anterior quando eu os convidei para almoçarem comigo.

Essa história mostra como meus valores me salvaram, mais uma vez entre milhares! Coloquei minha família, a gratidão, o fazer o bem, acima do momento que estava vivendo, e essas coisas trabalharam silenciosamente por mim.

É por isso que acredito que as pessoas precisam resgatar seus valores de origem e parar de associar felicidade a prosperidade material, ou seja, parar de inverter os valores. Eu já era feliz mesmo quando não tinha dinheiro: fui eu quem ganhou o dinheiro, não foi o dinheiro que me ganhou. Quando fico sem dinheiro, o meu fracasso é relativo, ou seja, o fato de não ter apego ao dinheiro faz com que eu não me abale, então se torna relativo. Eu não misturo dar valor ao dinheiro com ter apego a ele.

Se você sente que está perdido e não sabe por onde começar a resolver seus problemas, é porque precisa buscar seus valores e suas referências e começar de novo. Talvez eu tenha tido facilidade de me conectar com meus valores a vida inteira porque sempre fiquei sem dinheiro, uma vez que infelizmente o dinheiro pode fazer as pessoas perderem a referência. Sempre zelei pela credibilidade, pela relação com as pessoas, pela espiritualidade – e não no sentido de religião, mas de fé e de acreditar a partir de você

> **É por isso que acredito que as pessoas precisam resgatar seus valores de origem e parar de associar felicidade a prosperidade material**

mesmo. Quando você se preocupa e dá muita atenção a fatores externos, começa a terceirizar os seus valores, e eles estão com você, moram aí dentro. Cabe a você decidir qual o melhor destino e fazer sua melhor engenharia de vida.

É possível você se blindar a ponto de não deixar que fatores externos o contagiem negativamente. Em que você pode se apegar? Nos seus valores! Você está vivo! Se a sua vida toda é traçada em cima da sua engenharia e você continua vivo, não há nada que o impeça de fazer uma nova planta desse projeto. Nós sempre podemos ter essa engenharia de reconstruir a planta porque estamos vivos e temos experiência, quilômetros rodados. Você conhece a estrada e é claro que vai construir algo melhor agora, se começar de novo. No entanto, precisa aceitar começar de novo, aceitar que a responsabilidade é sua, que você tem muitos degraus para subir até chegar aonde quer. E as pessoas querem começar do meio, sem abrir mão de nada. Não têm humildade de começar de novo. A parte mais segura que há é começar do início. Quem começa do meio não tem base.

Vá buscar os seus valores! Porque viver sem um parâmetro claro dos seus valores não é viver; você pode até se enganar, mas não está vivendo! Você se prendeu em uma bolha condicionada a um número, tornou-se uma pessoa fácil de comprar, fica deprimido por falta de dinheiro porque agora você tem um preço, não consegue se lembrar do que existe de mais importante. Você só está se esquecendo de que não é um robô, é uma pessoa. Você não é uma ferramenta para "servir para alguma coisa", você é um ser humano! Você não tem espiritualidade? Perdeu a referência? Decidiu ser infeliz?

Felicidade e sucesso

Quando você vive seus valores, entende na prática que felicidade é um estado de espírito. Decide que vai ser feliz e assim será, a partir do primeiro sorriso do dia. Ser feliz significa se levantar da cama com alegria e sorrir. Qual a dificuldade de fazer isso? O que é necessário? Você vai estar em algum lugar, estará vivo e terá outra pessoa de quem precisa cuidar. Não é possível que ninguém goste de você, que não tenha ninguém de quem precise cuidar, a quem se doar. Se ninguém gostar de você, se ninguém o inspirar o mínimo de sentimento positivo, reveja seus conceitos, pois há algo de errado aí. E se existe alguém que gosta de você, já é motivo para ser feliz, é o suficiente. Você está vivo e tem alguém que lhe quer – mesmo que seja só sua mãe, já é motivo para ser feliz.

Felicidade é um estado de espírito e para dar o primeiro passo é preciso atitude. Atitude de sorrir, de ter gratidão por esse ar que entra nos seus pulmões. Sorria. Isso desperta todas as válvulas positivas que o levam a ser feliz. Não consigo imaginar alguém feliz que não sorri. Então, se sorrir é um gesto físico e um estado de espírito, comece a ser feliz a partir do primeiro sorriso do dia. Faça isso.

Então, você começa a dar mais valor para as pessoas, monta um negócio, ou começa a estudar para uma carreira, cria tribo, equipe, movimento de seres humanos à sua volta. O que eu procuro fazer para montar uma equipe? Ensinar valores. Quais são os valores? Os da pessoa. Qual a pessoa mais importante na vida dela? Ela. Ela vai montar um trabalho e vir trabalhar próximo de mim. O que eu procuro fazer com ela? Procuro saber o que ela está buscando para si. Procuro contratá-la para ela empreender por si mesma, procuro dar a essa pessoa uma oportunidade, não um emprego, e ensinar quanto é importante ela já ter essa referência de valores. Eu procuro cuidar das pessoas porque, se eu cuido delas, elas cuidam daquilo que se propõem a fazer. Faço isso a vida inteira, e sempre voltou para mim, ainda que eu não espere nada de volta.

As pessoas falam muito de sucesso. Eu entendo que o primeiro sucesso de uma pessoa é nascer! Só por isso você já é vitorioso. Dali para a frente, só precisa da oportunidade de mais um dia e, então, se agarrar à espiritualidade: não dá para ganhar um dia se não for espiritualmente, porque você não sabe nada de nada. Você não sabe se consegue atravessar a rua. Precisa buscar uma luz espiritual, algo em que acredita. "Ah, mas não queria falar de religião". Bem, você precisa acreditar em algo. Uma vez que você é a semelhança divina, quando acredita em você, acredita em Deus. Contudo, é algo em que precisa acreditar e tirar referência de valores, partindo de você. Apaixone-se por você e comece a cuidar do seu semelhante como se fosse você. Assim vai criar uma sinergia, um ambiente para viver no qual vai conseguir ser feliz. Esse é o segundo ponto do sucesso, depois de nascer: ser feliz. As pessoas ficam ligando isso a resultado material, sucesso financeiro,

> **Não é possível que algo valha mais do que você mesmo e que você não queira ser feliz.**

diploma. Sucesso é muito mais que isso, vem muito antes. As pessoas vão perdendo referência porque começam a acreditar que sucesso é o carro que dirigem, o bairro onde moram, o local para onde foram nas férias.

Somos independentes, fortes, autossuficientes. Acredite em você. Você é maior. Não deixe que essa visão distorcida seja impregnada na sua mente. As pessoas nascem e crescem, e o tempo todo o ser humano tem a tendência natural a acreditar de que precisa de dinheiro. Então, eu pergunto: "Como é que os monges vivem? E eles são saudáveis e felizes. O dinheiro é uma consequência, e não um propósito. Não pode ser um propósito. Ele tem de ser seu, e não você dele, senão ele não tem fim. As pessoas têm milhões na conta bancária e trabalham doze horas por dia porque têm medo de ficar sem dinheiro, não por paixão. Não vão conseguir consumir nem 1% daquilo que acumularam, e continuam trabalhando com medo de perder. E não vivem. Na verdade, vivem em função de acumular mais porque isso passa a ser o centro da atenção delas. Do cérebro. Do coração.

Não é possível que algo valha mais do que você mesmo e que você não queira ser feliz. Você pode rir de mim e dizer: "Ah, eu preferia uma Ferrari", e eu só posso responder que é uma pena que você seja tão pequeno assim. Seja feita a vossa vontade. Vai ter Ferrari sem gratidão, sem família, sem espiritualidade para ver o que acontece.

Não tem sentido as pessoas inverterem os valores. Ser feliz é um estado de espírito. Você é feliz desde o primeiro sorriso em qualquer cenário, qualquer lugar. Quando tinha 7 anos, eu sorria todos os dias, e na segunda de manhã sorria porque ganhava o pão com direito a margarina. Isso era um presente. Aí era gratidão. Ia jogar bola com meus colegas de bairro e olhava as pessoas. A moçada ia descendo para o gramado do pasto, que era o lugar em que jogávamos bola, torcendo para ter gente suficiente para montar um time com camisa e outro sem camisa. E assim estava feito o uniforme. Se havia alguém meio preguiçoso, nós o colocávamos no gol e todo mundo era feliz!

Eu não perdi essa referência. Meu cérebro não apagou isso. Essa é a melhor parte da minha vida e está comigo. Então, sugiro fortemente que você resgate o que é a sua melhor parte, as lições que formaram a sua alma. Vá ser feliz. Se você nasceu em berço de ouro, com certeza não teve a mesma facilidade que eu tive para encontrar meus valores e minhas referências.

Nascer em berço de ouro deve ser muito difícil, porque você fica sem referência de nada. Sem anticorpos, sem noção de quão forte e grato você é por estar vivo e lutar mais um dia. Você cresce com excesso de proteção, as pessoas o criam numa bolha. Não é o que se pensa normalmente, mas eu, de verdade, sinto muito se você nasceu em berço de ouro e afirmo com toda certeza: ainda dá tempo de consertar isso e resgatar valores perdidos no meio do caminho. Eu entendo que sou privilegiado porque fui feliz desde pequeno, mas tanto a pessoa que nasceu em berço esplêndido, com mordomias, quanto a que nasceu na favela comigo tiveram alguma coisa perdida lá atrás, mas estão em plenas condições de resgatá-la agora. Seu cérebro é o mesmo, mas agora você tem vivência, experiência e aprendizado. Tudo isso está armazenado. Você já conhece o caminho. Você tem a opção de fazer melhores escolhas, já conhece o trajeto. Comece de novo. Permita-se, porque graças à ciência você vai viver o dobro do que alguém vivia há cinquenta anos; então, se você tiver 40 anos, ainda está no meio da vida, ou seja, tem meia vida pela frente. Comece de novo e seja feliz agora, não importa onde nasceu, onde está e de onde veio. O que importa é para onde quer ir, para onde vai. Se você não quer ser feliz, esqueça tudo isso. Se você quiser ser feliz, comece agora. Só depende de você. Pegue a página em branco e comece a reescrever a sua história. Quando? Hoje. E amanhã? De novo! Todos os dias você tem páginas em branco e a oportunidade de escrever a sua história. A minha começa com meu primeiro sorriso do dia. Eu sou feliz. Isso não tem preço.

As pessoas se deixam levar porque, de alguma forma, a estrutura social faz com que elas acreditem que sem dinheiro não são nada. Assim, muitas julgam que valem menos do que acumulam e, quando não têm nada acumulado, entendem que não valem nada. Isso é um erro. Como eu já disse, muitos estão equivocados quando pensam que sou feliz porque tenho dinheiro. Eu era feliz quando nem sabia o que significava dinheiro. Jamais perdi minha referência, mas grande parte das pessoas está perdendo. As pessoas acreditam que para dar continuidade à felicidade precisam de recurso material, e não é verdade. A felicidade não está ligada necessariamente a recursos financeiros.

Assuma a responsabilidade

Muitos pessimistas me veem falando que sempre trabalhei doze horas por dia e dizem: "Você está se escravizando", mas, se você tiver paixão pelo que está fazendo, nem perceberá que as doze horas já passaram. Eu não percebia, tinha valores para buscar, queria sustentar minha família, fazer o bem. Enquanto você trabalha seus valores e pega referências de onde veio, seus melhores períodos de felicidade, vê que tem muitos valores e que seu coração é tão preenchido que nada mais o incomoda. Eu não dou a um terceiro, a um fator externo, o poder de me incomodar. Por isso, quando as pessoas falam que são afetadas por um fator externo, o nome já diz: são fatores externos. Não permita que isso o incomode. Você é maior que isso. Você é maior que seus problemas.

Não importa o que o outro fez. Importa o que você vai fazer. Aja de acordo com seus valores, pois isso o fortalece. É muito importante esse ponto. As pessoas ficam sempre esperando que o outro faça. Faça você! Não fique esperando que sua mulher vá buscar café, vá você buscar café para ela. Ela faz tanta coisa para você, que o café que você buscou para ela é nada. Contudo, vale tanto! Ela tem humildade, é muito maior como ser humano e vai agradecer aquilo e fazer para você cem coisas que você nem vai perceber. Então, faça você, seja a pessoa a dar o primeiro passo. Tenha a iniciativa de fazer pelo outro. A mesma coisa vale no trabalho. Dê oportunidade, preparação, abra caminho e deixe que as pessoas que estão junto cresçam. Isso vai torná-lo maior à medida que as pessoas que você treina se sentirem fortes para ocupar suas expectativas sobre elas, que sempre devem ser positivas. Dê oportunidade para as pessoas. Viva para deixar o outro viver. Faça isso e deixe que outros o superem. Isso o levará a subir outro degrau. E alguém ocupará o seu degrau, permitindo que você suba ao próximo. Nem que seja por inteligência, tenha essa relação. E faça, em vez de esperar que alguém faça.

Toda vez que falo com as pessoas, só acredito na energia da positividade e só transmito isso, assim fica difícil para a pessoa contestar, porque eu vivo isso realmente, é visível. Depois a pessoa descobre que isso também estava nela. Então ela volta e agradece. E começa a melhorar. O que mais me motiva a falar com as pessoas e escrever e fazer vídeos é a segurança de que vou conseguir, em algum lugar, despertar alguém para o que já estava dentro dele, para transformar esse brilhantismo de dentro para fora, e aquilo vai contagiar muitas outras pessoas ao redor, sucessivamente. É nesse ponto que acho que uma pessoa pode mudar o mundo. Partindo de uma iniciativa e é aí que digo: na referência do que você tiver de melhor nos seus valores. Valores básicos. Nós valemos muito. Isso começa na vida. Então você é um ser divino, tem poderes divinos. Olhe quanta coisa pode fazer. Deus não tem o poder de soltar um meteoro e acabar com a Terra? Tem. Você é a semelhança divina! Só assim podemos explicar histórias como a da mãe que conseguiu tirar um carro de cima do filho. Onde ela arrumou forças? Eu lhe pergunto, isso não seria um exemplo dos poderes que temos? Podemos usá-los para muitas coisas, por que não usar para salvar o semelhante e o mundo? Podemos usar esse poder até para trocar energia. Se, por exemplo, você está na casa ao lado e sua vizinha só precisa de uma palavra amiga, porque não usar seu poder para ajudá-la? Você tem esse poder. Ela não está pedindo algo material, um presente, um cheque. Por cinco minutos ouvindo aquela pessoa e dizendo-lhe que tudo vai ficar bem, ela se transforma em outra e começa a descobrir poderes dentro de si mesma. Ela vai melhorar a vida da família. Você cria uma nova história. Tome consciência do poder que tem e não está sendo usado, porque as pessoas só olham o problema, estão voltadas para isso e não percebem que temos muito mais solução do que problema. Vamos nos concentrar em divulgar as soluções, e não o problema!

É como acreditar em uma mídia que passa o tempo inteiro vendendo a ideia de que "Só tem bandido na favela". Na verdade o percentual de bandidos é muito inferior ao de pessoas de bem. São essas pessoas que formam a mão de obra que sustenta o país e são mal remuneradas, são as pessoas que carregam marmita para o trabalho. São 90 e tantos por cento de gente boa e uma porcentagem pequena de quem escolheu outro caminho. E até entre os que escolheram outro caminho existe grande parte que gostaria de fazer outra coisa. Que coisa mais injusta ver uma comunidade inteira pelo lado do mal, não é mesmo?

É melhor copiar o bem

O mundo está cheio de exemplos. Você pode aproveitar os exemplos para o bem e para mal. Copie mesmo! Preste atenção em como as pessoas fizeram para unir suas famílias, melhorar seus negócios, tem muito conteúdo para nos ajudar por aí! Leve para sua realidade e de acordo com suas possibilidades. Para que copiar o mal? Nunca vi ninguém se dando bem assim. Preste atenção. O bem sempre prevalece, então copie isso. Não é questão de ser eticamente correto, socialmente correto. Estou falando de copiar. Vida real com simplicidade: observe o que dá mais certo. O bem!

Selecione cem pessoas que você acredita que se destacam. Veja quem está melhor. As do bem ou as do mal?

É melhor copiar o bem, mesmo com essa crença popular de que "bonzinho só se ferra". Você vê empresas poderosas e igualmente corruptas, e pensa que precisa ser pior ainda para se defender. Pare com isso! Quantas pessoas existem no mundo? Quantas são da paz e quantas são da guerra? A maioria é da paz. Então, copie a maioria. Faça o bem para a maioria. Enquanto você olha para a empresa corrupta, 80% dos empregos no Brasil vêm de pequenas e médias empresas que fazem tudo certinho e movimentam a nossa economia. Pare de dar poder para o grupo dos canalhas.

Você vai copiando essas coisas e montando uma estrutura de valores, montando referências, montando bases para saltar. Pode copiar porque o Universo tem tudo pronto. O tempo todo, em tudo que faço e tudo que falo, procuro verificar valores. Por isso, pergunto para as pessoas: "Quais são seus valores? Você não está invertendo as coisas e deixando de ser feliz porque está focado em valores que não fazem tanta diferença na vida?". Volte para a sua base, para a sua origem. Vá ser feliz. Podemos ser felizes.

Todos nós temos o melhor. Deus não sacaneia ninguém. É que nós prestamos atenção no melhor dos outros e não percebemos quanto melhor pode ser o nosso. E se você parar para pensar numa troca no escuro, verá que você era feliz e não sabia. O seu problema não era tão grande assim. Era menor que você. Você nasceu primeiro e ele foi gerado depois, o que significa que os

O PODER DA POSITIVIDADE

problemas sempre serão menores, porque são gerados por você. O problema é que você demora para reconhecer que é o gerador. Quando assume que é o gerador, entende que da mesma forma que gerou o problema tem o poder de eliminá-lo. Ele é a cria e você é o criador. Assuma essa posição e veja que é maior que qualquer problema que venha depois de você. Agora, se tiver algum problema que já estava aí: que se dane, pois ele não é seu. Os seus são aqueles gerados depois que você nasceu. Esses são os seus e eles são menores que você porque vieram depois.

Quando eu falo dos meus valores, uso muito o que escrevo na empresa. Tenho gratidão. Seria o primeiro. Tenho humildade. Tenho positividade, que é o pensamento, pensar positivo; acredito que tudo parte do nosso pensamento. Tenho paixão: quando se tem paixão pelo que se dispôs a fazer, desde a família até qualquer coisa que se propôs a construir, não existe cansaço. Quando você se apaixona, não se cansa. A paixão tem um poder de energia sem limites. Uma mistura de amor e paixão é o que dá a força que nem a pessoa sabe de onde tirou. Amor é aquela parte muito forte e valiosa, mas muito suave. A paixão é forte. É aquilo que o impulsiona. Eu sempre procuro conciliar esses dois valores. Uso mais a paixão, porque o amor já está em mim; na hora de agir uso a paixão, pois ela me impulsiona, me dá força, me faz ter mais energia do que a que eu consumo. Por isso, não me canso. Então, vamos com toda a energia falar do meu valor mais importante no próximo capítulo: a família.

CAPÍTULO 4

Família é a base

A família é a base de tudo. Na minha lista de valores, o primeiro deles é a família. Todos os dias quando acordo já acesso a minha espiritualidade, tiro um momento para expressar minha gratidão e agradeço por aquele dia que poderei viver. E a primeira coisa que penso depois de agradecer pelo dia é na família. É nesse momento que começo a ter motivação, inspiração, alegria para fazer tudo o que preciso. Fiz isso mesmo quando estava passando pelos piores momentos da minha vida. Quando começa o dia pensando no quanto é grato por ter a sua família, aquele grupo de pessoas que faria tudo por você, já sai de casa louco para poder melhorar a vida dessas pessoas, então não vai trabalhar com o objetivo de acumular materialmente, seu esforço ganha o propósito de levar a mudança e as oportunidades a quem você ama.

O PODER DA POSITIVIDADE

Uma das regras mais burras que a nossa sociedade criou foi não misturar trabalho com família, como se você pudesse desligar a parte mais importante de você por oito horas todos os dias e deixar de ser mãe, pai, filho, avô. Eu acho isso uma besteira imensa, porque está claro que não é possível. E mais: a outra ponta dessa crença ainda prega que não podemos envolver nossa família nos negócios, porque sempre dá briga, dá problema, e então nos condena a viver sem construir a nossa prosperidade junto dos nossos, mas, para mim, trabalhar com a família é uma bênção.

As pessoas repetem mentalmente que não querem misturar trabalho com família. Não querem levar trabalho para casa, não querem levar a casa para o trabalho. E eu pergunto: "Quantos cérebros você tem? Como se separa isso? Tem alguma faca, alguma ferramenta para dividir? O que vai para o trabalho? E para a casa? Está se enganando por quê?". Somos uma pessoa só. Não dá para separar o trabalho da família. Tem que conviver, porque no trabalho você tem uma extensão da família. Na família, se você não levar uma extensão do trabalho, estará enganando a si mesmo. E essa noção errada costuma prejudicar em cheio as mulheres, que acabam sofrendo preconceito no trabalho porque o mercado não aceita que sejam mães e profissionais ao mesmo tempo. Para as mulheres em geral, não existe opção de separar as coisas, pois, se ela está trabalhando e o filho liga, não pode ignorá-lo porque tem responsabilidade sobre ele. As mulheres já têm essa habilidade e é uma pena que a maioria dos homens não sinta

> **O orçamento é mais importante que sua felicidade? O orçamento pode ser perdido, refeito, negociado.**

a mesma responsabilidade sobre a própria família durante as 24 horas do dia, porque o mundo melhoraria muito se cada um se visse como uma pessoa completa, com o lado profissional e o pessoal, do mesmo jeito que a maioria das mulheres se vê.

Achar que é possível esquecer totalmente um lado seu enquanto trabalha o outro é a mesma coisa que separar a vida em duas. Entretanto, você vive uma vez só, então por que trabalha num horário e no outro se conecta com as pessoas? Por que não fazer isso simultaneamente? Receber um telefonema de um neto durante o horário comercial é uma delícia. Sua reunião é mesmo tão importante que você não tenha trinta segundos para atendê-lo e mandar um beijo para a sua filha ou falar com alguém que você ama e desperta em você um sorriso? Por que abrir mão de ser feliz em uma reunião orçamentária? O orçamento é mais importante que sua felicidade? O orçamento pode ser perdido, refeito, negociado. Um sorriso, um abraço, um carinho de alguém que você ama podem não se repetir. A felicidade é feita de coisas tão simples, e elas estão à sua disposição sempre. E você perde a oportunidade de ser feliz porque estava trabalhando. Não é possível!

O PODER DA POSITIVIDADE

Se eu estou em uma reunião, e no final dela aparece no FaceTime minha neta de 3 anos, vou silenciar o telefone porque não posso atender por estar trabalhando? Ah! Essa é a referência de valores que as pessoas estão perdendo. Não é possível que a vontade de uma criança de falar com você tenha preço. Que você troque isso por um contrato. Até porque você não vai perder o contrato; na verdade, vai ganhar muito mais motivação, animação, sua energia vai levantar, você vai brilhar. Quando você está feliz, tudo que acontece à sua volta muda, e a sua família é o combustível da sua felicidade. Tudo se multiplica. Se eu receber a ligação de um ser humano do bem na hora de um contrato, a tendência é melhorar o contrato. Por que perder a chance de trazer isso para o trabalho? Por que perder a oportunidade de levar a disciplina do trabalho para casa? Trazer segurança, estabilidade.

Existem elementos dos dois mundos que podem trazer melhorias recíprocas de um para o outro. As pessoas precisam de carinho, e você tem muito carinho em casa. Por que não levar para o trabalho? Você vive uma vez, mas parte dessa vivência, mais da metade, é trabalhando. Por que só quer ser feliz em pedaços se pode ser feliz o tempo todo? O nome disso é hipocrisia, não se engane. Você só tem um cérebro e vai se colocar em um pedestal ao dizer que está separando as coisas, quando na verdade está só fingindo que consegue separar. Se, por exemplo, você teve uma DR com a esposa, seu cérebro ficará lembrando disso e não dá para apagar, vai estragar a chance de fazer um contrato porque não está com a mentalidade equilibrada. Poderia simplesmente interromper a reunião com algum motivo para ligar e pedir desculpas a ela, ou só dizer que a ama e que vocês podem resolver tudo à noite, e daí voltar para a reunião.

Você passa o dia preocupado achando que é a melhor postura profissional nunca perder um dia de trabalho, não ficar telefonando para a família, mas a sua cabeça está, por exemplo, no seu filho com problemas, pois sua mulher desconfia que ele use drogas. No entanto, você não quer misturar trabalho com vida doméstica. E então vai fechar um contrato, mas não esqueceu o outro assunto. Não acha que o melhor mesmo seria resolver, conversar, falar sobre isso com os colegas, abrir seu coração? A pessoa que trabalha ao seu lado e leva o contrato da aquisição de uma máquina até você com certeza percebe que você não está bem. Aí você conta o que está acontecendo em casa. Seu colega começa a conversar e lhe dá uma luz, muda de assunto porque também tem família, e traz a solução da sua vida. E passa a sentir ainda mais confiança em você, que conseguiu ver o ser humano que existe ali do outro lado.

Quando você resolve separar trabalho e casa, perde a chance de ser presenteado com o que o Universo tem de melhor: as oportunidades de ser feliz. É preciso enxergar onde a felicidade aparece, porque não dá para escolher endereço e horário na agenda para ser feliz. O Universo providencia esses momentos para todos nós. Às vezes você está no trabalho, e o fato de não querer tratar de assuntos ligados à família tira a oportunidade de ter ações e procedimentos para que aconteça o que você poderia ter de melhor na vida. Não há felicidade sem família e base, e sem trabalho. Então, para que separar as duas coisas se você é um só que só vive uma vez e pode ter as duas coisas simultaneamente? Ainda mais com a tecnologia de hoje, que lhe permite falar com qualquer um, não importa quanto essa pessoa esteja longe.

Eu não separo absolutamente nada, sou uma pessoa só, inteiro, aprendi com a minha mãe. Eu convivo, vou fazendo as coisas se encaixarem e isso me dá até mais produtividade, porque posso viver momentos com a minha família ao mesmo tempo em que trabalho, por exemplo. Cansei de ver fundadores de empresas bilionárias que se recusam a levar o filho para trabalhar com ele para não misturar as coisas, mas ao mesmo tempo trabalham catorze horas por dia para deixar a empresa para o filho. Esse filho vai precisar esperar o pai morrer para participar do que foi construído? O que será que é mais importante para esse filho: o que foi construído ou a convivência com o pai?

É hipocrisia achar que você vai para o trabalho e apaga o que aconteceu em casa e vice-versa. Converse com sua família sobre o contrato que está tirando seu sono. Pare de subestimar seus filhos, e principalmente pare de ser aquele

> **Pense grande. Sua família constrói o trabalho. O trabalho mantém a família.**

empresário ou líder que subestima o cônjuge. Ele pode dar uma ideia que mude um contrato e sua vida. Ou pode dar um colo que, com um carinho, uma energia boa, faça você resolver o problema no trabalho. Pense grande. Sua família constrói o trabalho. O trabalho mantém a família. Não separe as coisas nem julgue que seu sucesso vai acontecer à parte da família. Qualquer atividade sua tem de preservar o que você tem de melhor. O que eu tenho de melhor antes de mim? Até para nascer precisei de família.

Não é complicado levar a família para o trabalho e vice-versa; há situações, pessoas e momentos diferentes, objetivos diferentes, mas a relação é com pessoas, então não tem porque achar que é necessário criar compartimentos no cérebro. Você convive com essas duas áreas da sua vida respeitando o espaço de cada uma e é possível conversar com todo mundo, onde estiver, sobre qualquer assunto, sem precisar dessa distinção. Tudo são pessoas. Valores são pessoas, você precisa ajustar como vive seus valores. Não fique classificando valores de acordo com atividade – profissional, de lazer, familiar ou pessoal. É tudo uma coisa só!

Quando falo disso, costumo escutar que "Família é muito difícil". Difícil? Quando pensar em trocar de família, faça o seguinte exercício: imagine que você tem uma coisa ruim, como uma doença ou um problema na mão. Agora ponha tudo dentro de um saco e escolha outra doença em troca da sua. Vai querer arriscar? O mesmo raciocínio vale para a família: quer arriscar ter outro cônjuge, outro filho, outra mãe no lugar dos que você já tem?

O PODER DA POSITIVIDADE

Você pode até escolher outro nome dentro de um saco, mas não pode destrocar. Vai para o risco ou fica com o seu?

Às vezes, no intuito de separar trabalho de família, o cara chega em casa estranho porque está preocupado com a duplicata que tem de pagar no dia seguinte, mas a esposa

> **Quando falo de valores, existe um valor dentro da família que para mim é muito importante: a companhia.**

pode achar que ele tem uma amante. Se ele conversasse e dissesse que o problema é a duplicata do dia seguinte, é possível que a esposa tirasse um anel da gaveta e brincasse com ele dizendo que pode vender aquilo. A mulher é parceira. Quando falo de valores, existe um valor dentro da família que para mim é muito importante: a companhia. Eu tenho uma parceira, muito mais que uma esposa e mulher, e posso contar tudo para ela. As boas companhias são as pessoas que querem bem a você, que você percebe, em simples gestos, que são capazes de dar uma parte do próprio corpo a você.

Se você tem medo de trabalhar com seu marido ou sua esposa porque acha que isso vai gerar conflitos demais e vocês vão bater de frente, entenda que seu cônjuge está numa parceria com você, e que bons companheiros precisam falar a verdade. Trabalho com minha mulher desde quase sempre. A gente namorava e ela era funcionária de um departamento do qual eu era gerente. Depois tivemos filhos, e ela ficou um tempão fazendo outra coisa. Certo tempo depois, ela veio cuidar do financeiro da empresa, um departamento complicado, que precisava de alguém de confiança, e você confia na pessoa que cuida dos seus filhos, que dorme com você. Se ela retirar dinheiro, será para os nossos filhos, então ótimo. É possível conviver.

Conviver com filho, sobrinho ou cônjuge na empresa não é difícil, mas coloca à prova o hábito de se enganar, sobretudo quando se é líder de uma área e não deve satisfação a ninguém. É que em casa, no ambiente familiar, ele precisa se explicar e não gosta disso, e teme que o modelo possa se repetir no ambiente de trabalho. Porque há intimidade. Então, ele fala que não quer trabalhar com família porque na verdade não quer ser questionado. Os outros têm muito mais questionamento, muito mais problemas, mas não falam porque têm dificuldade de se comunicar com ele, então ele se engana e diz que difícil é conviver com a mulher, só porque ela não tem medo de pedir explicações. E quando percebe, o buraco está feito, porque você está há anos trabalhando com pessoas que não dizem a verdade porque têm medo de ser demitidas. Então, a meu ver, trabalhar com pessoas que não os parentes, na verdade, é mais fácil de você ser enganado. E infelizmente as pessoas gostam de ser enganadas, pois têm a impressão de que a sua autoridade não será abalada se deixarem a família fora do negócio. No entanto, será uma autoridade enganada e maquiada, pois as pessoas não vão falar tudo o que pensam. Se você não quer trabalhar com parentes, está com medo da verdade e está fugindo de ouvir aquilo que sabe que precisava ouvir.

Sei que alguns vão me dizer: "Ah, eu não gosto de parente porque, quando não dá certo, é complicado mandar embora". Sinto dizer que, então, você sempre terá complicação para lidar com relações humanas; sua família pode ficar magoada com você ao mandar um parente embora, mas a pessoa que não é seu parente vai abrir uma ação trabalhista ainda que você não lhe deva nada, por exemplo. A chance de o parente fazer isso é menor. Toda relação tem turbulências e desencontros, e é preciso aprender a conviver com todas elas, a não ser que consiga conviver ou viver sem relações humanas. Qual é o motivo disso? É que nós somos diferentes. Mesmo assim, posso afirmar que a família só vai enriquecer sua vida profissional e ainda vai criar uma pessoa mais equilibrada, que não chegará ao final do dia com o coração cheio de carência porque não teve carinho durante as dez ou doze horas em que permaneceu trabalhando, nem será um pai ou uma mãe ausente porque levava trabalho para casa e não

> **Toda relação tem turbulências e desencontros, e é preciso aprender a conviver com todas elas.**

podia ficar do lado do filho enquanto ele comia ou fazia a lição de casa. Vai transformá-lo na pessoa que aprendeu a ter intimidade de verdade com o cônjuge, a ser um companheiro, um parceiro.

Você não pode se dizer um líder no seu trabalho, não importa quantas pessoas coordena, se não conseguir sequer conversar com o seu filho sobre as dificuldades que ele tem na escola. Você pode entrar numa grande vaidade de se achar o manda-chuva por ser gerente, ou diretor, porém, por estar atarefado o dia todo, ignorar as mensagens da sua esposa que muitas vezes são apenas gentilezas que ela faz para reforçar o vínculo entre vocês ao longo do dia. Se você fica nervoso porque um gesto de amor o interrompe no trabalho, desculpe, mas você provavelmente não é um líder tão bom quanto pensa que é, porque o seu descontrole emocional e a falta de habilidade de lidar com os sentimentos dela com certeza transbordam nas suas relações profissionais. O que eu quero dizer com este capítulo é que a separação profissional e pessoal simplesmente não existe. Então, se você não tem um negócio como eu tenho, que me permitiu levar minha família, insira o amor e o que há de positivo na sua família como um escudo de proteção durante a jornada de trabalho, pois você só vai ganhar com isso. E aproveite para usar toda a gestão que você aprende no trabalho para ajudar na sua casa. Em vez de gritar descontrolado com seu filho, dê um *feedback*; qual é o problema? Sente-se com ele, reforce que ele é importante para o time da família e aponte uma situação que deu errado, fale o que o decepcionou e juntos pensem

O PODER DA POSITIVIDADE

em mudanças. É engraçado pensar que você trata um funcionário com mais respeito do que alguém que é sangue do seu sangue. Pare de separar as coisas, deixe que a sua unidade como ser humano fortaleça a sua vida.

Então, olhe para a sua família como o maior *networking* que você precisa fazer, como os relacionamentos que precisam ser treinados e afinados e que vão lhe trazer o maior resultado. *Networking* começa de manhã, quando você leva café para o seu amor, quando negocia com seu filho aquela tarefa que ele é obrigado a fazer, mas que, se fizer por obrigação, não vai aprender nada com ela. É ali que você aprende e aprimora suas habilidades, que você se torna uma pessoa melhor e se nutre para a batalha do dia a dia.

Gratidão

Gratidão é uma das coisas mais bonitas que você pode ter dentro de você, e ela vai ajudar qualquer ponto da sua vida. Tanto as coisas grandes quanto as pequenas merecem ser notadas e agradecidas, porque isso vai alimentar o seu coração para ter motivação e coragem de tocar o dia. Gratidão foi a palavra que conseguiu tomar as redes sociais e virou moda, mas eu fico preocupado porque vejo que as pessoas passaram a falar muito sobre gratidão, mas a senti-la pouco. Não adianta só ficar falando. Porque não adianta nada seu discurso ser de gratidão, se a primeira coisa que você faz efetivamente no dia é reclamar! Se você se considera grato, mas na hora em que desliga o despertador fica xingando por precisar acordar cedo, existe algo de errado. Estar vivo é mais do que dormir aquelas duas horas que lhe eram necessárias, é saber que você precisa sair de casa cedo para pegar ônibus debaixo da garoa fina e tratar isso como uma bênção que veio direto de Deus, porque Ele permitiu que você estivesse vivo e lutando por mais um dia.

Quando a gratidão realmente invade a sua vida, coisas pequenas se tornam muito importantes. Aquela primeira respirada de manhã, o fato de ter dormido em uma cama quentinha, de estar vivo, de sentir a água do banho caindo nas costas. Tudo são manifestações da presença do divino na sua vida, dos presentes que você recebe o tempo todo e não percebe. Eu, graças à minha mãe, aprendi a ser grato mesmo quando morava na favela e era muito pobre, porque sabia que estava vivo e tudo era possível para os vivos. Nós morávamos em um barraco e a luz do Sol entrava cedo pelas frestas, acordando a todos, mas, em vez de lamentar, nossa mãe nos dizia que devíamos agradecer, pois havíamos recebido a luz divina, a oportunidade de ter mais um dia de vida, que era apresentada por aquele Sol.

Minha mãe me ensinou quatro coisas muito importantes:

1) Ter gratidão por tudo, começando pelo melhor presente que a vida pode nos dar, que é ter mais um dia.

2) Agradecer pelo fato de ser pobre, pois eu ia superá-lo.

3) Ser negro é um privilégio, e eu devia agradecer também por isso.

4) Eu sempre posso dividir e compartilhar com o próximo, independentemente da minha condição social.

Sinto-me blindado desde pequeno por esses ensinamentos. Hoje, vendo cursos inteiros dedicados a ensinar às pessoas o poder da gratidão, eu me sinto ainda mais grato por ter todo esse arsenal de conhecimentos desde muito pequenininho. Graças a ela. Como sou grato por ter tido minha mãe até os 7 anos, por ela ter me dado essa noção de família, de felicidade, essa blindagem tão bonita! Eu poderia ficar aqui choramingando por ela ter ido embora muito cedo, mas eu prefiro olhar o outro lado: nesse tempo ela foi uma pessoa tão presente, tão importante, que me deixou as lições que me ajudariam a superar dificuldades a vida toda! Em sete anos, minha mãe conseguiu deixar em mim ensinamentos tão profundos que eu ainda ouço os conselhos dela depois de adulto. Quantos pais têm essa segurança sobre a criação que estão dando aos filhos?

Eu sou grato até pelas coisas que deram errado na minha vida, até pelas que deram tão errado que no momento parecia não ter mais volta. Eu falo no meu primeiro livro que quebrei duas vezes. Não usei a palavra "falir" porque nunca perdi minha dignidade nem minha credibilidade. Sou grato por essas duas experiências, porque eu não teria a vida maravilhosa que tenho hoje se não fosse por elas. Na minha pior falência, quando fiquei devendo mais de 16 milhões e não parecia que haveria jeito de sair dessa situação, e fui deixado por parceiros estrangeiros que largaram na minha mão uma dívida maior do que todo o dinheiro que eu tinha ganhado até então, fui grato, porque, se não tivesse quebrado, teria perdido meus filhos. Como qualquer pai que teve origem pobre e conseguiu enriquecer, eu dava tudo para os meus filhos. Já tinham carro, motorista, iam para a balada com segurança, viajavam por impulso para ficar nos melhores hotéis, sem nunca precisarem se preocupar com limite no cartão de crédito. Eles tinham menos de 18 anos e já viviam assim. Isso para um adolescente é muito perigoso!

Eu estava criando dois babacas completos, que nunca valorizariam o trabalho, não valorizariam as coisas simples da vida, que não veriam valor nas relações humanas, que estariam condicionados a ser felizes com o que o dinheiro poderia oferecer a eles. Quando quebrei, fomos obrigados a nos aproximar, a vida cortou os luxos que eu não tinha capacidade de cortar e, mais ainda, foi quando meus filhos vieram trabalhar comigo. Eles me ajudaram a reerguer o negócio e saíram dessa experiência como homens que hoje tanto valorizo, respeitosos comigo e com a mãe, excelentes maridos, pais presentes e carinhosos. Eu dou graças a Deus por ter quebrado, porque todos

> **Como qualquer pai que teve origem pobre e conseguiu enriquecer, eu dava tudo para os meus filhos.**

O PODER DA POSITIVIDADE

aqueles milhões não valeriam nada se eu tivesse criado dois babacas. Foi Deus quem me salvou nesse momento, e quando eu olho para trás não consigo ver sofrimento nessa fase, mas sim que estávamos crescendo e sou grato porque tivemos a oportunidade de crescer juntos.

Ser grato melhora e muito o seu humor, você se torna menos reclamão, uma pessoa com a qual naturalmente é mais agradável conviver. Um cara que passa o dia todo resmungando, nem os filhos vão priorizar ficar perto dele, porque ele sempre vai ver um defeito para apontar. Certo dia me mostraram estudos recentes que comprovam que sentir e expressar gratidão melhora a saúde! Paul J. Mills, professor norte-americano de Saúde da Família e Saúde Pública da Universidade da Califórnia, fez um estudo sobre os efeitos da prática da gratidão na saúde cardíaca. Entre várias outras coisas, ele conseguiu comprovar que as pessoas que mantiveram um diário de gratidão, registrando todos os dias duas ou três coisas pelas quais eram gratas, reduziram os níveis de inflamação e melhoraram o ritmo cardíaco, em comparação com as outras que não mantiveram esse hábito. E além do mais, as pessoas que decidiram manter um diário de gratidão conseguiram diminuir o risco de doença cardíaca em apenas dois meses![6] No estudo, as pessoas eram estimuladas principalmente a ser gratas pelas coisas simples, como os filhos ou uma comida gostosa que

---

6. Disponível em: <https://www.npr.org/sections/health-shots/2015/11/23/456656055/gratitude-is-good-for-the-soul-and-it-helps-the-heart-too>. Acesso em: 5 abr. 2018.

tinham comido naquele dia, porque, afinal, você não precisa de tanto assim para ser feliz e grato por estar vivo. A nossa falta de blindagem emocional, de gratidão, está nos matando, mas você sempre tem tempo para começar a mudar esse jogo. Pense assim, se hoje você perdesse imediatamente tudo aquilo pelo qual não agradeceu, como seria a sua vida?

Espiritualidade

A espiritualidade não é uma crença religiosa; eu acredito que você possa desenvolver sua espiritualidade em qualquer religião que escolher para trabalhar a sua alma. A espiritualidade é um grande agente da humildade nas nossas vidas e serve para nos lembrar de que no Universo somos muito pequenos e não controlamos absolutamente nada. Para sobreviver a essa certeza, é preciso acreditar em algo que organiza essa imensidão que é a vida, e fazer com que isso parta da crença em você, que é semelhança de Deus, você, por carregar o dom da vida, é um milagre ambulante que tem semelhança divina.

Eu acredito que todas as religiões são boas, todas nos ensinam a entender a vida, a única condição é que preguem e pratiquem o bem, e até hoje eu não conheci uma religião que pregasse o mal ou a discórdia. Quando vejo tanto preconceito com a religião alheia, acho isso uma perda de tempo e de energia. É necessário aceitar as diferenças, pois Deus nos fez diferentes uns dos outros. Ninguém tem o mesmo DNA nem a mesma impressão digital de outra pessoa. Então, abasteça-se com o melhor conteúdo que existe, que é o bem, pois, independentemente das diferenças, todos nós temos personalidade formada para o bem. Pare de se achar o dono da verdade, aquele que descobriu a pílula mágica de

> **Você respirou, agora ajuda o próximo. Essa é uma coisa natural, ou pelo menos deveria ser.**

tudo que é certo e funciona (até porque se tivesse mesmo descoberto, você estaria mais feliz agora, não é mesmo?). Aceite que a pessoa ao seu lado é também a imagem e semelhança de Deus, mesmo que tenha orientação sexual diferente da sua, opinião diferente da sua, religião diferente da sua. Você não é o dono da verdade, ou provavelmente estaria vivendo bem melhor agora.

Acredite que você é a semelhança divina, que você pode tudo. Aproveite esse poder e o utilize em favor dos seus sonhos, da sua felicidade, porque você já está usando esse poder involuntariamente em função das minhocas da sua cabeça. Então tome consciência desse poder grandioso que você carrega e sempre pense da seguinte maneira: você precisa cuidar das pessoas. Lembre-se do avião em turbulência: é preciso cuidar de você primeiro; garanta seu bem-estar e daí você respira e vai cuidar dos seus. Quem são os seus? Os próximos! Quem está mais próximo? A pessoa ao lado. Ninguém falou se é filho, parente. É o próximo. Você respirou, agora ajuda o próximo. Essa é uma coisa natural, ou pelo menos deveria ser. Se as pessoas começarem a resgatar esses valores, vamos ter uma humanidade melhor, e definitivamente a condição social vai parar de ser um problema, e talvez até de existir. As pessoas vão parar de acreditar nisso e se ajudar.

Não importa quem é o seu Deus, saiba que Deus é perfeito. Tudo que Ele faz é em seu benefício. É seu ponto de vista que vai lhe revelar os planos de Deus, que vai permitir que você veja a sua situação com positividade. E quando você tem valores, seu ponto de vista sempre será positivo e você vai conseguir tirar proveito disso. A espiritualidade é necessária porque você precisa acreditar em algo para poder movimentar energia e a si mesmo. Ainda que você só consiga acreditar em si mesmo, que seja com toda a fé do mundo. Assim já estará acreditando em algo que é a semelhança divina: você. Exerça isso. Se você resolver que vai optar por uma religião para se fortalecer nessa crença, ótimo. Só procure exercer o bem, senão estará perdendo referência de valores. Não adianta repetir as palavras lidas em livros sagrados e não conseguir se colocar no lugar do seu semelhante. Parte dos valores está no exercício de auxiliar o próximo, e não é possível fazer isso com maldade, é preciso ter o bem dentro de você. Tudo o que você faz, que seja em busca do bem, porque isso volta para você. Nem que seja apenas por inteligência, pratique o bem durante a vida inteira. Acredite ou não, a lei do retorno existe e funciona. Isso faz parte dos valores que mais trazem sucesso e felicidade na vida das pessoas.

O PODER DA POSITIVIDADE

Olhar para a espiritualidade me ajudou a curar a saudade da minha mãe, e eu falo muito dela neste livro porque é um livro sobre valores, e essa mulher me deu os valores que eu acredito que todas as pessoas deveriam conhecer. Acredito que formamos nossa personalidade aproximadamente aos 7 anos. Essa idade é muito importante, existe até a teoria dos setênios, que é um dos pilares da Antroposofia, uma linha de pensamento criada pelo filósofo Rudolf Steiner. Segundo Steiner, temos ciclos de vida nos quais vamos aprendendo a lidar com nós mesmos e com o mundo. Cada ciclo tem sete anos, os setênios, e neles vivemos grandes transformações. O primeiro setênio é marcado pela nossa interação entre o individual e o hereditário. Vivemos muito a nossa hereditariedade, estamos em contato intenso com as características herdadas dos nossos pais, tanto físicas quanto mentais, e nesse período a presença da mãe é fundamental (a Antroposofia defende que depois dos 7 anos a criança se torna autônoma). E eu dou graças a Deus por ter sido acompanhado de perto pela minha mãe nessa fase.

Dos 7 aos 14 anos, temos a fase da troca, quando o mundo externo aparece e descobrimos como nos manifestar nesse mundo, aprendemos a trocar com outras pessoas. O número 7 é um número místico que tem vários significados em muitas culturas, e eu o aconselho a buscar mais sobre a teoria dos setênios se tiver interesse em aprender sobre sua biografia. Eu realmente acredito que, quando minha mãe morreu, minha personalidade já estava pronta; então, para mim foi suficiente o tempo que ela permaneceu comigo. Depois, quando comecei a identificar tudo o que ela deixou em mim, direcionei minha energia para resgatá-la na minha vida, e isso me salvou ao longo dos anos. No momento em que comecei a entender quem ela era, seus gestos, seu comportamento, entendi que foi minha melhor *coach* e melhor mentora, e resolvi trazer essa vivência comigo, nessa habilidade que ela me deu. E isso me deu o poder de trazê-la para perto de mim quando quisesse. O primeiro gesto que me provou que isso era possível foi quando minha filha nasceu. Entendi que minha mãe veio com ela, porque as duas eram iguais em personalidade e eu vi quantas coisas da minha mãe permaneciam na minha vida. Não existia mais saudade, Deus estava me presenteando.

Depois disso eu vi que podia um pouco mais: em vez de trazê-la por meio de outra pessoa, podia trazê-la sempre comigo. E a trago comigo à minha esquerda, onde eu estiver. Acredito que todos temos espiritualidade e sensibilidade, o lado sensitivo que nos permite reconhecer que algo existe sem precisar tocá-lo. Isso é fé, é a ausência da necessidade de prova material. A fé nos dá o poder de administrar nossos pensamentos, inclusive. Todas as vezes que quero, olho para o lado esquerdo e sei que minha mãe está ali. Por isso não faço nada que possa envergonhá-la, eu sei exatamente quais valores ela me passou e quero sempre olhar para o lado esquerdo e vê-la sorrindo orgulhosa.

Pouco tempo atrás eu achei que estava sendo egoísta por estar esquecendo do meu pai, então o trouxe para o lado direito.

Convivi muito mais com ele, mas só o coloquei do lado direito dois anos depois que ele faleceu. Contudo, sou chegado nele! E agora tenho os dois. Assim, tomo todo cuidado do mundo para não levar um pito de nenhum dos dois, não os envergonhar nunca.

> **Acredito que todos temos espiritualidade e sensibilidade, o lado sensitivo**

Eu trouxe tudo isso dos momentos da minha vida em que eu fui muito feliz. Se lá atrás, quando tinha 7 anos, eu era o cara mais feliz, é porque isso está dentro de mim. Então, por que não trazer isso para o presente também? Eu tenho esse poder mental, então essas companhias mentais muito me confortam. Não há lugar em que eu esteja sozinho. Mesmo se eu for a uma "quebrada" qualquer, sinto duas sensações de segurança: uma proteção acima da média, principalmente dos meus pais, e o constante abraço de Deus, não importa a gravidade da situação.

CAPÍTULO 5

Humildade

Fico triste quando percebo que já falamos muito mais em humildade do que falamos hoje. Quando eu era criança, a humildade era ensinada em casa pelos pais, e "se achar" era uma coisa muito feia; éramos ensinados desde sempre que ninguém teria interesse por uma pessoa que só se importasse consigo mesma. Como eu já disse, todos somos semelhantes a Deus, então todos podemos ver a importância do outro e a nossa obrigação em ajudá-lo. Hoje, vivemos principalmente na dinâmica de ser o melhor, estar certo, ser o mais bem informado, enfim, acreditamos que só seremos felizes sendo vencedores em todas as coisas que tentarmos, e assim nosso foco em valorizar outras pessoas não existe mais. Em uma sociedade que valoriza aqueles que mais cantam vitórias, fica complicado falar de humildade, porque todos querem ser estrelas da própria imagem nas redes sociais e nas conversas. A falta de humildade gerou muitos dos conflitos que vemos hoje, as pessoas se atacam por causa de posição política, orientação sexual, diferença religiosa. Todo mundo quer ser o campeão, estar sempre certo, ser o melhor, e assim esquece que vivemos em comunidade, numa comunidade feita apenas de criações à imagem e semelhança de Deus.

A humildade é um valor dos mais importantes porque representa uma posição perante a vida que faz com que você seja mais leve, mais feliz e sempre disposto a ajudar e ser ajudado. Num mundo em que as pessoas se sentem tão sozinhas e desamparadas, a humildade pode ser o remédio para nos juntar de novo como partes do todo. É por isso que você precisa também se soltar da noção de que ter humildade é se achar menos do que é, é ser menor ou até fingir que não reconhece o próprio valor. Não tem nada a ver com isso! Humildade não diminui ninguém, muito pelo contrário, engrandece. É conseguir andar pelo mundo sabendo que todas as pessoas são nossos semelhantes, são importantes, você não é o único que sabe das coisas e pode ser ajudado a qualquer momento. Ser humilde é abrir a porta para que o ajudem. E você está precisando de ajuda, todos nós estamos! Sozinho não vai conseguir realizar seus sonhos e viver bem, ninguém consegue.

É muito grave o fato de as pessoas condicionarem o gostar das outras a fatores como serem da mesma etnia ou da mesma "tribo", terem o mesmo propósito, os mesmos ideais. Isso não está certo. Fala-se muito em ter fé, mas esquece-se de que devemos gostar das pessoas porque elas são nossos semelhantes, e todos somos semelhantes a Deus. Desculpe ser repetitivo, mas não é possível que duas pessoas que são semelhantes a Deus não se entendam, que se acusem por nada, que se ofendam para conversar.

Eu acredito na bondade de todas as pessoas, o mundo para mim é um parque cheio de amigos, até que me provem o contrário. Todas as pessoas são boas por natureza. Até existem as outras, as que fazem maldades inconcebíveis, mas eu as considero seres anormais, doentes. Aquele que machuca outro ser humano, que não consegue respeitar a necessidade de outra pessoa de ser feliz, de ter o corpo livre de violências, de ter vontades, que comete crimes contra outras pessoas e faz maldades, só pode ser anormal. A humildade me ensinou que podemos caminhar em um mundo amigável, porque ninguém é mais do que ninguém nesse mundo. É por isso que eu vejo amigos em todos os lugares, aonde quer que eu vá, em qualquer pessoa que eu encontre. Sempre vou voltar a ter 7 anos e me conectar com quem esteja perto de mim. Sem interesse, sem segundas intenções, todo mundo é importante. Eu acho que um dos segredos da felicidade é ter a percepção que vai além da casca da aparência, daquilo que todo mundo mostra, conhecer a essência das pessoas, abrir caminho para que elas se mostrem, sempre acreditando que todo mundo é bom até que se prove o contrário.

Humildade é inteligência

Humildade pode ser aquilo que salva você durante um momento de crise, porque as pessoas que o amam sempre estarão prontas para ajudar, e nem sempre seus palpites são tão ruins assim. Tenha humildade de ouvi-las. Elas provavelmente perceberão quando você tiver ultrapassado seus limites e o ajudarão a voltar ao seu eixo, a não ultrapassar os limites de suas possibilidades. Quantas vezes entramos do jeito errado em um negócio ou em um relacionamento e nossa mãe e nossos irmãos tentam nos avisar e, do auge da nossa arrogância, pedimos que fiquem quietos? Nós nos achamos tão melhores que não conseguimos trocar uma ideia e perceber que talvez aquele que nos ame tanto não esteja tão errado assim. Abrir os ouvidos, não para qualquer um, mas para aquelas pessoas que dariam um dedo por você, pode ser o melhor exercício e vai salvar a sua vida, o seu negócio. Quantos filhos veem as empresas dos pais falindo e querem ajudar?

Quando faço cursos de mentoria para empresários, é uma das coisas que mais recebo, jovens dizendo que as empresas familiares estão falindo e eles vieram buscar ajuda porque não conseguem convencer os pais a fazer algo, nem mesmo a ir até lá conversar comigo. Imagine a falta de humildade que é você estar perdendo tudo o que tem e não conseguir ouvir um filho que está doido para ajudá-lo... Esse cara vai perder muito mais do que a empresa! Vai perder a chance de ter uma família fortalecida, na qual as pessoas sabem que são ouvidas e que vão aprender a prosperar unidas. Se não fosse pela ajuda dos meus filhos, hoje eu não teria nada do que tenho, porque eles me ajudaram a me recuperar e a levantar a nossa empresa, e é por isso que eu não tenho medo do futuro. Nós podemos passar por uma falência de novo, mas eu tenho esses seres humanos maravilhosos, inteligentes, persistentes. Eu sei que, se eles não souberem a resposta para me ajudar, vão perder quantas noites forem necessárias para buscar isso. Tem coisa melhor do que saber que você não tem todas as respostas? Que existe uma comunidade pronta para cuidar de você, trazer soluções, oferecer amor na forma de apoio?

> Esta é uma máxima que eu carrego todos os dias: "Você nunca sabe com quem está falando".

Você nunca sabe com quem está falando

Esta é uma máxima que eu carrego todos os dias: "Você nunca sabe com quem está falando". Muitas vezes eu fui subestimado porque as pessoas não sabiam com quem estavam falando e só se preocupavam com a minha aparência. Não é nem tanto por ser negro, mas eu via que, pela minha simplicidade, eu precisava falar duas vezes para ser ouvido. Uma coisa que eu aprendi é que muitas vezes você pode se julgar o maior especialista em alguma coisa, mas aquela pessoa desconhecida que o está ouvindo pode

O PODER DA POSITIVIDADE

realmente saber mais sobre esse tópico do que você. E ficar se pavoneando para ela não só é deselegante, como também você pode perder a chance de aprender com um especialista que poderia ajudá-lo muito, que poderia resolver uma questão que ainda não está completamente clara para você.

A humildade está atrelada ao respeito, e respeitar nossos semelhantes é essencial para curar as feridas que o mundo já tem. Se você não tiver respeito, provavelmente não exerce a humildade. Nenhum ser humano precisa oferecer condições mínimas para ser respeitado, se a pessoa existe, ela é a imagem e semelhança de Deus e *deve* ser respeitada. Ainda que não respeite o que ela faz, precisa respeitar aquele ser humano. O exercício do respeito enobrece, sobretudo quando se trata de pessoas simples, que nada têm a ver com valor material ou benefícios pessoais para quem exerce essa prática. Aí você tem a chance de exercer a humildade.

O respeito carrega o valor inestimável da humildade, que é tratar o semelhante como seu. Jamais despreze alguém, pois ele pode ser Deus e você não sabe. Não subestime, tenha respeito pela pessoa, e não pelo título ou posição dela. Na minha linha de valores, não tem nada que substitua a pessoa. Ao respeitar todas as pessoas, você cresce e fortalece muito a sua humildade, e em troca recebe uma enorme sensação de segurança.

Para quem exerce a humildade nada mais faz falta: a pessoa se torna tão grande que nada faz diferença, ou seja, nada vai deixá-la menor. Por incrível que pareça, a maioria das pessoas que ficam ricas, vaidosas e arrogantes também é frágil, doente e fácil de se afetar por coisas pequenas. Elas não estão no todo, queriam tanto se destacar que saíram da comunidade e hoje não possuem o seu exército de semelhantes. As pessoas que exercem a humildade e não se acham diferentes de ninguém são fortes e permanecem, elas têm anticorpos para se proteger dos desafios que a vida lança, não pegam doenças. Não são vulneráveis, são blindadas, como eu fui pela minha mãe.

A humildade reescreve sua história

Se você acha que chegou no fundo do poço, só vai ter um valor mais importante do que a fé para recomeçar e conseguir superar essa fase. Tenha humildade para reconhecer que é de sua responsabilidade e comece de novo. Assim fica fácil recomeçar, e você ainda terá a facilidade de ouvir as pessoas que o amam. Elas provavelmente perceberão quando você tiver ultrapassado seus limites e o ajudarão a voltar ao seu eixo.

É preciso continuar reconhecendo que cada passo dado é de sua responsabilidade, para cima ou para baixo, e que você erra sim, porque assumir isso também é uma humildade que engrandece. Se descuidou por vaidade, arrogância, prepotência, e só cavou e está no fundo do poço, quem chegou lá foi você. Ninguém o empurrou até lá (eu aposto – e ganho – que tentaram até impedi-lo). É importante parar de terceirizar essa culpa e achar que ela é de algum órgão externo. Os fatores externos são *externos* e não podem ser maiores do que você. Reconheça que *você* é o engenheiro da sua obra. Você conhece o caminho que o levou até onde está, foi você quem fez esse percurso. Quando tenta terceirizar e acha que a culpa é do outro, não tem mais saídas, fica sem plano de ação porque vai depender de outro também para tirá-lo dali. Não existe outra pessoa, ninguém conhece a situação como você. A dificuldade que as pessoas têm de sair do fundo do poço é por esperar que alguém as tire de lá, mas só elas podem encontrar a saída do lugar que construíram. O caminho de volta para sair do fundo do poço é justamente acreditar, parar de olhar para o chão porque a luz está em cima, não embaixo. Então você precisa, no mínimo, ter humildade de parar de cavar e reconhecer que *você* se colocou ali, que está onde *você* se pôs. Então, conseguirá voltar.

O respeito, além de ser uma cola que une a todos nós, também tem o papel importante de ser um freio para dar estabilidade à sua caminhada. Quando acredita muito no que faz, sem querer acaba desenvolvendo um pouco da sua arrogância e sua vaidade. Você não é uma pessoa ruim; apenas se tornou arrogante, passou do limite por excesso de crença, e muitas vezes até por paixão. Então, ponha o respeito nessa receita e ele o ajudará a equilibrar, a respeitar alguns limites. Baixe a cabeça para ouvir pelo menos algumas pessoas, como já contei que baixo sempre para ouvir a minha irmã mais velha. E não ultrapasse a sua razão. Então, a conclusão é de que o respeito existe dentro da humildade, e juntos dão a medida das coisas. Esteja sempre muito atento para não sair da motivação e da ousadia e entrar na vaidade: é uma linha muito fácil de ultrapassar se não estiver sempre em alerta. E quando essa linha é ultrapassada, você acaba abrindo a válvula contrária – e então vêm a ingratidão, a arrogância, a prepotência, a falta de humildade e de respeito. Se a sua ambição faz com que você perca o respeito aos mais velhos, a quem o ama, ao seu cônjuge, reveja se o resultado será mesmo tão positivo quanto você imagina.

Nós temos alguns valores negativos que na verdade são o exagero do positivo, e eu sempre me cuido para não permitir que eles venham à tona. Ter vaidade é que nem veneno: é soro até certo ponto, dali para a frente passa a ser veneno. Eu procuro ter o controle sobre a vaidade, a arrogância, a prepotência, porque isso é que começa a maquiar e fazer com que eu não observe meus valores. Sabemos o ponto de respeitar os limites observando a humildade, o respeito que estamos mantendo a outras pessoas. Você se conhece. Todos nós nos conhecemos e conhecemos nossos limites. Quando for preciso e se não for o suficiente para que você perceba, as pessoas que o amam e que convivem com você perceberão e farão questão de apontar. Você precisa ouvi-las. Aí que entra a humildade de ouvir os seus, as pessoas que o amam. Elas

> **Ter vaidade é que nem veneno: é soro até certo ponto, dali para a frente passa a ser veneno.**

O PODER DA POSITIVIDADE

vão ajudá-lo a não ultrapassar a linha do respeito, para que tudo isso aconteça dentro dos seus limites, porque você sabe quais são suas possibilidades e se perde quando passa a linha do respeito.

Ao longo desses anos eu aprendi que a fórmula para acessar o valor da humildade está em alguns passos simples. O primeiro é ter o hábito de refletir internamente, mas, ao agir, tire esse foco de si mesmo e coloque a energia em ajudar os outros. Aja pensando nos outros, não em si mesmo, e você vai sentir o alívio mental que é sair de si mesmo pelo menos um pouco. Sei que no começo é difícil, mas vale a pena. Se parar de pensar tanto em si mesmo, você vai ter coragem de tentar coisas novas, vai se motivar mais fácil e vai ver propósito em tudo o que faz.

O segundo passo é tudo que falamos até aqui: seja consciente. Exercite sua consciência deixando de se isolar do ambiente em que vive, notando as pessoas com o olhar de semelhante. Olhe para os lados, veja o sofrimento e a alegria das outras pessoas. Quando estiver no transporte público, não se feche em fones de ouvido, olhe em volta, perceba que aquelas pessoas também são semelhança divina e alguém pode estar precisando de ajuda. Olhe o rosto de quem lhe pede uma esmola e, se não puder dar-lhe algo, peça desculpas, dê bom dia, não trate pessoa nenhuma como se ela não existisse, como se fosse um fantasma andando ao seu lado.

E, por último, algo que os valores ajudam: faça escolhas guiadas pela ética interior e saiba esperar pelas coisas boas nas quais está trabalhando. É parte da humildade entender que as coisas não vão dar resultado no tempo que você quer, do jeito que você quer que aconteça. Vivemos em uma sociedade de impaciência, mas na verdade o sucesso é feito de muitos dias e noites de trabalho enquanto absolutamente nada acontece. Você investe seu tempo e seu esforço e talvez não veja nenhum resultado concreto por meses, anos, e isso não é incomum. É simplesmente o tempo da vida. As carreiras de sucesso, os casamentos de sucesso são resultados de anos de trabalho diário, muitas vezes sem recompensas no cotidiano. Ter humildade nos ajuda a aceitar que esses ciclos existem e que o que você quer pode demorar a acontecer. A humildade será uma terapia para a sua vida, porque vai engrandecer a sua alma ensinando a compreensão – tanto sobre a sua vida quanto sobre quem está nela. Humilde é quem se abre para compreender algo, pois reconhece que não sabe de tudo.

CAPÍTULO 6

Positividade

Uma das grandes lições que a minha mãe me deixou e nem sabia que estava deixando foi a positividade. Ela vivia na positividade absoluta e ensinava isso para nós, e eu aprendi que tudo, mas tudo mesmo, partia do meu pensamento. E que a vida só muda para quem tem positividade, porque é a atitude positiva que guia as pessoas para uma vida melhor.

Existe uma história de que nos tempos antigos um rei tinha colocado uma pedra enorme no meio de uma estrada. Ele se escondeu e ficou assistindo para ver se alguém tomaria a atitude de tirar aquela pedra dali, pois queria descobrir quem eram as pessoas valorosas do seu reino. No tempo que ficou lá, viu alguns dos comerciantes e cortesãos mais ricos daquele lugar passando e simplesmente andando em volta da pedra e seguindo o caminho. Ele escutou muitos que, desviando da pedra, culpavam o rei por não manter as estradas limpas, mas nenhum fez nada para tirar a grande pedra do caminho, que poderia dificultar e muito a jornada de quem viesse depois. Até que chegou um camponês muito pobre carregando uma caixa de legumes. Ao se aproximar da pedra, o camponês largou seu fardo e tentou movê-la para o lado da

> **A positividade tem essa essência, de mostrar que tudo o que você vive, tudo o que existe, todas as condições que se apresentam para você são boas.**

estrada, em vez de tentar se desviar do obstáculo. Depois de muito empurrão e esforço, ele finalmente conseguiu mover a pedra. Ao pegar sua caixa de legumes de novo, o camponês notou uma bolsa na estrada onde a pedra estava. A bolsa continha muitas moedas de ouro e uma nota do rei indicava que o ouro era para a pessoa que tivesse tirado a pedra da estrada, pois ela havia se preocupado com o bem-estar do reino. O camponês aprendeu então uma lição que até hoje muita gente não entende: cada obstáculo é uma oportunidade para melhorar a sua condição.

A positividade tem essa essência, de mostrar que tudo o que você vive, tudo o que existe, todas as condições que se apresentam para você são boas. Deus não está com tempo livre para sacanear ninguém! E como Ele não tem esse tempo, cada problema que surge no seu caminho está ali para fazer você subir de nível nesse jogo da vida. É por isso que fico triste ao ver que a maioria das pessoas só enxerga o lado ruim da vida. Aprendi em quase 60 anos convivendo com todo tipo de gente que nós somos 90% bons, e todos nós só temos 10% de canalhas – e precisamos passar a vida domando essa parte e nos ensinando a ser melhores. Não entendo por que as pessoas insistem em olhar os 10% que são negativos, que são resíduos, que são o espaço de evolução de cada um.

Por exemplo, de uns anos para cá, é moda falar mal do Rio de Janeiro, uma das cidades mais lindas do mundo. Os jornais falam quanto o Rio é perigoso, que tem muitos problemas de violência, de drogas, de administração pública. O que é isso perto das milhões de pessoas que moram ali? Você chega ao Rio e as pessoas riem para você já no aeroporto, em qualquer mercadinho há pessoas conversando, os ônibus às 6 da manhã estão lotados de pessoas indo para o trabalho, não tem como você dizer que o ruim dessa cidade são os 90%! São só 10%, mas a mídia se ocupa desses 10% como se fossem a coisa mais importante de uma cidade que é maravilhosa. Como os jornais vivem de audiência, os produtores já sabem que ninguém vai ficar assistindo a uma matéria chamada "Tudo continua ótimo na cidade do Rio de Janeiro, olha só o Cristo, que lindo, olha só as pessoas costurando fantasia lá na Mangueira já em junho, todas juntas em comunidade, olha ali que bonito as senhorinhas saindo da igreja em São Conrado...". Isso não vende, certo? Então vamos falar de um grupo de dez políticos que acaba com tudo, vamos falar de tráfico, vamos fingir que isso representa todos os cariocas. Que injusto!

Assistir e ler notícias trágicas o tempo inteiro nos condicionou a procurar os 10% de lixo que existe em qualquer coisa, e sempre estamos esperando pelo lado ruim da questão. Então, se você só olha o lado ruim de tudo, com certeza também só olha o lado ruim de si mesmo, e não deve estar com nenhum crédito consigo mesmo. Você também passa o dia falando mentalmente sobre os 10% ruins de si mesmo e se castigando. Nós somos como o louco que passa falando sozinho na rua, mas em voz baixa, pois andamos o dia inteiro dando bronca em nós mesmos e procurando defeito, vendo tudo o que tem de ruim no mundo, como uma sogra quando não gosta do genro. Daí é claro que as coisas não dão certo, não tem como elas darem! Seu cérebro vai fazer o que for preciso para provar que você está certo e a negatividade vai gerar muita autossabotagem na sua vida. Por isso, precisamos olhar com positividade, observando apenas a parte boa, começando do outro e de nós mesmos.

Agindo assim você vai receber as mesmas atitudes por reciprocidade, por sinergia. Você começa a ser mais gentil consigo mesmo e, quando perceber, já está mais gentil com as outras pessoas. Não fica com raiva da caixa de supermercado que está demorando, não leva a mal o cara que xingou você no trânsito, começa a sentar para negociar com o cliente que está inadimplente com sua empresa. Essa parte ruim é só 10% da vida, é só 10% de você, dessas pessoas. E aumentar a sua gentileza consigo e com eles faz com que você receba de volta. Você começa a positividade dentro de você e a partir daí cria um ambiente menos hostil, passa a melhorar o mundo.

Você é aquilo que pensa e acredita, e os antigos já sabiam disso. Quantas vezes você não ficou ansioso imaginando que uma desgraça ia acontecer e uma mãe ou uma tia disse: "Não fique pensando que você atrai, meu filho"? A positividade precisa ser um valor de base na sua vida para você ter uma estratégia positiva de lidar com os problemas e também para que caminhe na energia dessa positividade e comece a atrair tudo aquilo que é semelhante a você. Existe um ditado que diz que depois dos 20 anos todo mundo é responsável pela cara que tem, e eu concordo! Se você só pensa negativo, só enxerga o que é ruim, isso começa a ficar estampado no seu rosto, você começa a ficar feio. A verdade é que não conseguimos esconder o que somos por dentro.

Quando você se baseia em seus valores, sempre vai conseguir tirar proveito positivo de tudo, até da chamada crise. Tudo é uma questão de ponto de vista. As pessoas acreditam na tal da crise e olham para tudo que é negativo, porque não pegam as referências de valores. Quando pegarem, verão que a crise pode ser usada oportunamente para atingir outros objetivos. Crise é mudança de situação, é quando o dinheiro mudou de endereço; ele não sumiu, só está mudando de mãos. Se ele não mudasse de mãos de tempos em tempos, pessoas como eu jamais conseguiriam uma oportunidade de enriquecer. Se você tiver valores, vai bater o olho nisso e, com base nesses valores, vai tirar proveito da situação, vai enxergar para onde o dinheiro está indo e poderá ir para aquele lado também. E daí essa situação deixa de ser um problema e passa a ficar pequena perto dos seus valores, perto de tudo o que você tem para sustentá-lo, para carregá-lo. Você verá que aquilo veio para beneficiá-lo, como a pedra que o rei colocou na estrada. Você pode encontrar uma sacola de ouro embaixo desse obstáculo! Você é do tamanho daquilo em que acredita e pratica, dentro das suas possibilidades.

Você não precisa se afastar das pessoas negativas para ser positivo

O meu segredo para ser tolerante e amar e me interessar por todas as pessoas que encontro é sempre acessar o momento em que tinha 7 anos. Quando você tem 7 anos, só precisa sentar do lado de alguém para se tornar amigo, mais nada. Não precisa de dinheiro, não precisa concordar com nada, quando vê já está dividindo o lanche. Quando vejo as outras pessoas, sempre olho para elas como se todas tivessem 7 anos, por isso só vejo a semelhança de Deus, só vejo coisas boas, só vejo a minha vontade de conhecer todo mundo melhor, de saber que todo mundo tem a luz divina que eu também tenho. Ao longo dos anos, isso se tornou tão natural como se fosse um reflexo.

Você pode ler isso e ficar com vontade de me perguntar: "Mas, Rufino, e aquelas pessoas claramente detestáveis? Gente ruim mesmo?". Ao encontrar alguém, vou direto nos valores dessa pessoa. Sempre acredito que as pessoas têm mais valores positivos do que negativos. Olha, certa vez um amigo que é professor me apresentou uma lista com 10 itens (ou mandamentos) para viver melhor e o primeiro era "Quando encontrar alguém negativo, afaste-se dele". Eu disse: "Professor, vou contrariá-lo. Agradeço a lista, mas quando tiver uma nova me dê. Essa eu não vou usar". "Por quê?", ele me perguntou. Então, eu disse que penso diferente do primeiro mandamento. Quando você tem fé, tem espiritualidade e acredita na sua positividade, pode e deve se aproximar dessa pessoa, abraçá-la e impregná-la com sua energia positiva. Sua energia sempre terá o poder de se sobrepor à negatividade da pessoa. Você vai ajudá-la e, por consequência, serão dois indivíduos positivos. O bem sempre vai prevalecer. É a mesma coisa que penso da energia das pessoas quando você se aproxima. Por isso eu gosto de abraçar as pessoas, porque sempre acho que tenho energia de sobra e preciso compartilhar, contagiar o outro independentemente da energia dele. Ou vai multiplicar, porque ele chegou energizado, ou vai matar aquela energia que ele trouxe e não é para ele, porque ninguém merece carregar energia ruim.

Quando você divide a sua energia com outra pessoa, ela se multiplica. Aquela pessoa também é semelhante a Deus, também tem fagulha divina, ainda que ela mesma tenha esquecido. Por isso eu nunca me esqueço do sorriso: o sorriso é a melhor primeira impressão que alguém pode causar. O sorriso é uma ferramenta para exercer sua espiritualidade, para abrir suas portas para as outras pessoas, para se conectar, mudar a energia de onde você estiver.

As pessoas nem querem fazer nada contra você: você é que dá o poder a elas. E na dúvida, se você deu o poder, ele será usado. É como se você

> **Então não faça isso, não terceirize para as pessoas o poder sobre você, o poder de deixá-lo triste, feliz ou revoltado.**

desse à outra pessoa uma ferramenta para ela praticar algo contra você. Puxa vida, você deu uma arma para um louco atirar a esmo? Ele vai acertar você! Ao empoderar alguém, você não sabe para que lado essa pessoa vai atirar. Então não faça isso, não terceirize para as pessoas o poder sobre você, o poder de deixá-lo triste, feliz ou revoltado. Porque você só tem sobre elas o poder que elas o autorizam a ter. A recíproca é verdadeira. As pessoas podem torcer a favor ou contra, jogar praga, fazer feitiço. Podem jogar energia negativa, mas isso não dá em nada. Só se a pessoa deixar, está bem? Porque se não tiver uma porta aberta para essa energia entrar em você, ela bate e volta.

Então tome cuidado com o que você deseja também, cuidado com o jeito que você está lidando internamente com aqueles de quem não gosta. Imagine quantas pessoas não dizem: "Eu queria que aquele governante morresse". Provavelmente, muita gente diz isso, mas ele não deu esse poder a ninguém. Então sugiro que você não faça isso, porque se aquela figura que você detesta e pela qual acumula ódio não lhe deu esse poder, você vai fazer mal para si mesmo. Se a recíproca é verdadeira, não dê ao outro o poder sobre você. Grandes líderes não dão poder para ninguém sobre eles. Por isso são líderes, e você vê tanta gente sendo vaiada sem se abalar. Você é líder da sua vida e da sua história, não deixe ninguém mais mandar nesse jogo. Não dê ao outro o poder sobre a sua liderança e a sua vida. Você nasce e a coisa mais divina e fantástica e brilhante que poderia existir na Terra é a vida. Ainda que seja a de um animal. É a vida. É o que temos de mais sagrado. Como terceirizar isso, a coisa de maior valor? Não tem sentido. Não faça isso, nada vale mais do que a vida.

Eu quero influenciar a sua vida para que você se alimente dessa energia positiva, mas até isso, que é algo bom, você também precisa permitir que aconteça. O bem também precisa ser autorizado a entrar na sua vida, então tenha a consciência de que você faz escolhas mentais o tempo todo e a sua mente comanda seu corpo e sua vida. Faça escolhas.

Como eu disse, você tem poderes. Você está vivo, logo, pode tudo. Cuidado com seus poderes. É preciso ter cuidado ao usar os poderes, pois as pessoas os estão usando para a infelicidade. Nós temos uma tendência natural de ir para a zona de conforto, pois é muito confortável ser a vítima, o coitadinho, a bucha do canhão. Você se coloca nessa posição e fica confortável. É confortável chegar ao ponto de se autodestruir, o único problema é que ninguém convive muito tempo com esse tipo de energia. As pessoas à sua volta vão encostando você para o lado. Você já escolheu a posição de coitado, essa posição vai fazendo de você um inútil. O coitado é um ser desprezível que vai sendo encostado naturalmente, mas quem decide isso é ele mesmo. Você pode ir para essa posição, para ficar quentinho e parado na zona de conforto que o levará para o nada, ou pode se posicionar e ser protagonista da sua história. Você mesmo trilha sua trajetória. As pessoas falam de destino, porém não percebem que ele é construído tijolo a tijolo. A cada minuto do dia você põe um tijolinho do seu destino, você o constrói. As pessoas ficam culpando uma energia divina, falam que tudo deu errado por causa do próximo e esquecem do poder imenso que possuem, e que foram elas que construíram tudo. Seu destino pode ser previsto olhando para a forma com a qual lida com seu presente. Se é positivo e trabalha para conquistar o que busca, seu destino é uma inevitável felicidade.

Com a minha mãe aprendi que, infelizmente, as pessoas lamentam muito e agradecem pouco. Não enxergam todos os presentes que recebem. É claro que vivemos em um mundo cheio de problemas, mas precisamos nos desapegar dessa ideia de que sermos críticos o tempo todo nos fará mais espertos e inteligentes e isso é o mais importante. Não é nada disso! Você precisa sempre ficar demonstrando que sabe mais que os outros, que está mais preparado, que tem mais malandragem e por isso vai se dar melhor na vida? Que bobagem ficar cultivando a crítica dentro de você quando poderia cultivar a gratidão. Você passa o tempo todo colhendo informações sobre como o mundo é uma m&rd@ e desfila essas estatísticas em qualquer conversa para comprovar para as pessoas que você é que enxerga a realidade das coisas. Na realidade, você não precisa de nada para ser feliz, menos ainda minar a esperança das pessoas numa simples conversa de almo-ço. Por que tanta necessidade de afirmação? Por que se afirmar o tempo todo encontrando defeito na vida e nas pessoas? Para depois falar de gratidão? Você só enxerga defeito! Abra os olhos para os 90% da vida, que é maravilhosa; pode ser difícil porque você foi condicionado a enxergar o negativo e sofrer com isso, mas faça esse esforço. Você vai ficar mais bonito, vai encontrar todas as sacolas de ouro que estiveram escondidas.

CAPÍTULO 7

Paixão

Como sempre gosto de dizer, tive o que hoje as pessoas chamam de *coach* desde que nasci: a minha mãe. Por causa dela eu me tornei uma pessoa apaixonada por si mesma, que nunca se deixou abalar e que sabia exatamente o que deveria estar em primeiro lugar na minha vida em todos os momentos: a minha família. Ela me ensinou o dom da paixão primeiro por mim mesmo, porque dizia com toda a convicção do mundo que eu era lindo, e eu acreditava. Ela falava que ser negro era um privilégio e, de repente, eu não percebia mais os olhares tortos sobre mim ao entrar numa loja, porque ela havia me ensinado quanto eu era importante, especial, maravilhoso. Ela me ensinou a ter paixão por mim e essa paixão me fez ser uma pessoa apaixonada pela vida, por tudo aquilo que eu poderia conquistar estando vivo.

Quem vive sem paixão acaba se jogando numa mesmice, a qual a própria vida não deixa durar muito, porque logo vai acontecer alguma desgraça para movimentar o cidadão. Se você acredita que nada vale muito a pena, que melhor mesmo é ficar sem fazer nada, uma hora a vida vai sacudir você para que se lembre de que tem um coração batendo forte aí dentro e ele não pode ser desperdiçado na letargia. Eu me levanto todos os dias feliz por ser eu mesmo e por estar acordando cedo para ir trabalhar! Eu não entendo como passamos a viver numa sociedade que diz que é normal a pessoa estar ansiosa e precisar de um remédio para dormir no domingo à noite, porque a antecipação de chegar ao trabalho na segunda-feira é tão horrível que não dá para suportar. Esse relato é tão comum que me leva a imaginar um grande número de pessoas que me considera doido por ser apaixonado pela vida, inclusive quando eu era funcionário, quando era pobre, quando estava no meio de uma falência. Tudo isso nascia da minha paixão por mim e pela vida que eu vivia.

Eu sou apaixonado por respirar, toda vez que respiro sinto a presença de Deus. É uma sensação tão boa, sentir o ar, encher o peito e ouvir o coração batendo, que toda vez que me lembro de fazer isso eu fico ainda mais feliz. Saber me apaixonar por mim me ensinou a ser apaixonado pelas coisas que eu faço, pelo produto que sai de mim. Se você não sabe amar a si mesmo, como vai se apaixonar por tudo o que tem de fazer? Como vai se apaixonar por viver cada dia, inclusive com a parte chata, as filas de banco, as birras de filho pequeno, a declaração do imposto de renda? Você precisa ser louco por si mesmo! E daí vai aprender a se motivar e ser louco pela sua obra, pela sua família, pela sua vida!

Quando falo de paixão, o que eu quero que você entenda é aquela mesma sensação de quando você tinha 15 anos e estava louco por alguém pela primeira vez. É bem parecido, porque nessa idade você nunca se cansa de falar horas ao telefone com aquela menina, ou de levantar às 5 da manhã para ir até a casa dela e só acompanhá-la no caminho até a escola. Só viver isso já é o suficiente, sem agenda, sem pagamento, sem pensar no que você ganha com esse esforço. É o melhor sentimento do mundo, e quem disse que você não pode se sentir assim o tempo todo? Quem disse que você não pode se sentir assim em relação àquele projeto importante, ou à apresentação do seu filho no colégio?

Quando você faz as coisas com paixão, tem outra pegada, parece que o Universo põe tudo no lugar. Você trabalha mais, trabalha melhor, e não se sente cansado, porque está vivendo um grande amor. Infelizmente, nós, como sociedade, entramos em um discurso de que precisamos encontrar a nossa paixão na vida e fazer dela nosso emprego, nossa carreira. Eu acho que a paixão maior é a vida em si! Esqueça isso de que você precisa ter o trabalho melhor do mundo, que tudo precisa ser do seu jeito, que precisa caber na sua ilusão e só nessas condições você será uma pessoa motivada, apaixonada por acordar de manhã e viver um novo dia. Você precisa estar apaixonado por viver, não importa a situação, senão é muita vida perdida, desperdiçada, são anos que você joga fora. Se você é apaixonado por si mesmo, não vai tolerar jogar anos da sua vida fora sendo passivo ou infeliz. Talvez você odeie seu trabalho, ou odeie o lugar em que mora, ou esteja numa fase ruim na vida amorosa, mas não se esqueça de quão maravilhoso é estar vivo e ser você mesmo. Enquanto estiver vivo e for fiel a quem é, tudo pode mudar, tudo tem jeito! Você ainda está jogando! A vida é boa nesse nível, no entanto, ela não aceita desaforo. Você precisa ser apaixonado por ela, apaixonado por estar no jogo ainda.

As crianças estão sempre muito conectadas com a paixão pela vida. Para uma criança, é muito claro o que desperta a sua paixão e o que não interessa. Tente olhar o mundo pelos olhos de uma criança e isso vai ajudar a encontrar aquela paixão perdida por viver. Toda criança comemora coisas simples. Fique feliz porque a sobremesa chegou à sua mesa, porque um parente vem visitá-lo, porque seu programa preferido vai passar na TV e você está em casa naquele horário.

A paixão é uma força transformadora

A paixão vai mudar o tipo de líder que você é, e isso será contagioso. Quando você é movido pela paixão, é normal se destacar. Todo mundo já conheceu aquela pessoa que tinha tanto brilho no olhar pelo que fazia que todas as portas se abriam. Há algo diferente em você que exige respeito. Concordando ou não com todas as suas opiniões e ideias, as pessoas ouvirão o que você tem a dizer. Mesmo que você seja péssimo ao preparar discursos, ser apaixonado pelo que está falando pode fazê-lo superar muitos resultados negativos possíveis de uma apresentação ruim. A paixão o mantém com a cabeça erguida, mesmo se você apanhar muito da vida. Nos momentos difíceis, quando a maioria das pessoas desiste, você sacode a poeira, faz piada da desgraça e lembra de quanto se ama: se ama tanto que quer sair dessa situação.

> **A paixão vai mudar o tipo de líder que você é, e isso será contagioso. Quando você é movido pela paixão, é normal se destacar.**

Ao contrário do que muitos possam pensar, a paixão não vai fazer de você uma pessoa cega; na verdade, ela o manterá equilibrado. Quando uma área da vida tem problemas e o faz sofrer (como um relacionamento), isso abala todo o resto da vida. É quase impossível separar os seus problemas (como já falamos no capítulo 4, você não tem vários cérebros para separar as coisas e decidir quando e onde vai sofrer ou ficar incomodado). Quando existe um desequilíbrio na sua carreira, nos relacionamentos, na sua saúde, não tem jeito de fingir que isso não existe nem o abala, mas a paixão pode ser o que resgata você para além dessas coisas. Você não vai cair na armadilha de se deixar definir pelo que deu errado; afinal, você não é uma falência ou um câncer, você é alguém apaixonado. E quando tudo o que faz na vida é movido por uma paixão, você começa a desfrutar da harmonia e do equilíbrio entre todas as áreas da vida. Não se identifique com a dor e o fracasso. Tenha muito claro que isso não é você, apenas aconteceu com você. Coloque seu progresso acima do seu orgulho, pois orgulho é uma das coisas mais bestas que existem e acaba com a sua paixão. Quando o orgulho toma conta, você para de pesar as coisas pela paixão e só se preocupa com a sua imagem. Depois de alguns anos, você se torna só imagem e mal consegue se lembrar do que ama! Mal consegue ter um sonho.

Quando você faz as coisas com paixão, o tempo passa e você não se cansa. A paixão tem uma energia sem limite. Ela dá uma força que nem você sabe de onde tirou, é a energia que você recebe em troca dela. Tanto que eu acredito que a paixão é muito mais forte que o amor, porque o amor tem a característica de ser conformista, ele se recolhe sobre o próprio sentimento quando as coisas dão errado. Já a paixão é um sentimento rebelde e corajoso por natureza. É algo forte, que o impulsiona. É ela que dá força na hora de agir, que nos leva a fazer uma loucura, falar em público, se expor. A paixão mostra que o seu medo ou o seu orgulho são muito pequenos perto daquilo que você quer.

Finja que o dinheiro é secundário

Existe o ditado de que dinheiro não traz felicidade, mas manda buscar. O único problema é que as pessoas invertem os valores e começam a busca por uma carreira, um estilo de vida ou uma paixão associando tudo isso a dinheiro. É claro que você precisa de dinheiro, todo mundo precisa. Contudo, na hora de pensar nas coisas que despertam sua paixão, tente não pensar em dinheiro. Pense em todo o resto. O que faz parecer que existem milhares de sininhos tocando no seu coração? Se amanhã você acordasse com 1 bilhão de reais na conta, o que faria? Como ia querer gastar seus dias? Porque mesmo dizendo que você não faria nada além de deitar na rede, em algum momento seu corpo cansaria de descansar e você se voltaria para outras atividades. Você pode até perceber que as coisas às quais se dedicaria se tivesse dinheiro já existem na sua vida mesmo sem dinheiro. Por exemplo, você pode dizer: "Se não tivesse de trabalhar tanto, buscaria meus filhos na escola todos os dias, compraria um saquinho de pipoca e voltaria com eles andando e conversando". No entanto, isso está fácil de conseguir! Você pode tentar mudar de emprego para ter mais tempo, levar trabalho para casa para conseguir sair mais cedo e ficar com eles nesse tempo (aí você compensa depois trabalhando uma hora após o jantar, por exemplo), ajustar sua vida para buscá-los na escola e daí todos os dias vai para o trabalho feliz, porque sabe que vai sair um pouco antes de o trânsito se tornar caótico e poder ficar ouvindo as novidades deles, parando para ver um cachorro na rua e entendendo como funciona a cabecinha das pessoas que você mais ama no mundo. Existem muitas coisas que despertam a paixão por estar vivo, mas nós erroneamente acreditamos que elas são difíceis de viver ou que não foram permitidas para nós. No entanto, qual foi o esforço real que fizemos para consegui-las?

> **Acha que está faltando algo na sua vida? Talvez seja apenas questão de se reconectar com a sua paixão por si mesmo, por tudo o que você faz.**

Por isso eu tenho plena consciência de que prosperidade é algo maravilhoso e necessário, mas, ao tocar a vida, eu opto por fingir que dinheiro é uma coisa que não importa e foco os meus valores e a minha paixão em tudo o que fizer. Porque eu confio que com os outros valores e a paixão o dinheiro sempre vai me seguir.

Muitas pessoas acham que bens materiais valem mais do aquilo que elas carregam por dentro, mas eu já conheci bilionários sem paixão e não existe coisa mais triste que isso. São pessoas com um vazio que nada mais consegue preencher. A falta de conexão com a sua paixão pela vida também vai minando outros valores como gratidão, humildade, pessoas, relacionamentos, espiritualidade e saúde; porque nossos valores são um círculo virtuoso e um sustenta o outro. Assim, quando as pessoas perdem a paixão e não vão em busca de trazê-la de volta para sua vida, é como se decidissem ser infelizes, pois deixam as batalhas da vida ficar sem sentido. Você não enxerga o sentido maior daquela dificuldade, daquele obstáculo, e ao não colocar significado e sentido no que vivencia você não cria anticorpos para lutar contra o materialismo. Grande parte desses anticorpos, dessa resistência emocional, se produz no relacionamento com as pessoas, no calor da batalha diária, em conseguir encarar uma dívida mantendo a vontade de viver e nunca desistir, dar um sorriso e fazer bem para os outros.

Acha que está faltando algo na sua vida? Talvez seja apenas questão de se reconectar com a sua paixão por si mesmo, por tudo o que você faz. Porque tudo de que precisamos é apenas o direito a mais um dia. Em geral, quando o tempo das pessoas se encerra, elas costumam pensar que tudo que queriam era apenas o direito a mais um dia, e elas não têm mais esse tempo. É por isso que eu acordo todos os dias feliz porque ganhei mais um dia, não vou esperar chegar perto da morte para entender o presente que é viver mais um dia.

CAPÍTULO 8

Não julgar

Na maioria das religiões somos ensinados que não é bom julgar; o julgamento é visto por diversas filosofias como uma fraqueza para a qual as pessoas não podem dar espaço em suas vidas. Contudo, instintivamente olhamos para as pessoas procurando primeiro os seus defeitos. A questão é que esses defeitos, como já comentamos, são só os 10% de cada um, e não vale a pena pautar nossas conclusões e ações por isso. Se você conseguir direcionar o seu olhar para os 90%, não vai julgar nada, vai só se abrir para aquele brilho que todo mundo carrega. Porque as pessoas têm essa capacidade de brilhar e todos nós temos esse brilho. E ao começar a redirecionar o foco, nós nos forçamos a olhar para o nosso brilho também. É o que eu chamo de energia trocada. Se você não fizer por compaixão, faça por inteligência, assim é mais vantagem para você tentar romper com o instinto do julgamento.

O PODER DA POSITIVIDADE

Pare e pense em quantas vezes você se apressou nas conclusões sobre alguém e se arrependeu, e como só bastava um pouco de boa vontade para ter estabelecido um relacionamento com aquela colega de trabalho ou aquele parente distante. Não fique se culpando por ter julgado tanto, nós temos esse impulso por causa do nosso instinto de sobrevivência, que nos faz buscar as fraquezas de quem está em volta para nos proteger de um ataque eventual. Contudo, aqui não é a selva e você não está correndo perigo. Embora o julgamento seja um instinto natural, tente se segurar assim que você perceber que está se deixando levar por ele, antes de falar ou mandar um *e-mail* desagradável e que cause danos nos seus relacionamentos. Por exemplo, quando você liga para o seu marido e não gosta do jeito que ele falou, acha que desligou rápido demais, já começa a pensar em muitas coisas sobre as razões desse comportamento. Já pensa que ele deve estar bravo por causa de algo que você falou de manhã, ou pior, pode estar tendo um caso com alguém e desligou rapidamente para acobertar. A mente vai para muitos lugares quando você começa a julgar as pessoas, e eles nunca são positivos. E se você não se frear, vai reagir de acordo com o julgamento que está na sua cabeça e depois não poderá recuperar aquelas palavras que disse. Interrompa a si mesmo antes de agir, antes de deixar tudo ir longe demais. Veja se você consegue entender, partindo da boa-fé, por que a pessoa age daquele determinado modo. Tente reformular seu pensamento interno crítico em algo positivo, ou pelo menos neutro o suficiente para

> **Não existe certo e errado, bom e ruim. O que é razoável para um às vezes é detestável para o outro.**

não gerar um estrago na sua vida e interromper sua troca de energia com alguém que muitas vezes não tem a menor intenção de feri-lo. Sempre que tiver de analisar as ações de uma pessoa, procure primeiro pela bondade de todos os seres humanos, pois ela está ali em algum lugar.

Não julgar o outro ainda evita que você seja julgado e, dessa forma, vocês vão conseguir se conectar. Vão ter uma relação humana, isso vai fazer com que os dois cresçam como pessoa e, conseguindo isso, o resto fica fácil. Aí estão seus melhores valores, quando você age e pensa na direção de se tornar um grande ser humano. Nós podemos fazer isso e contribuir para que o outro faça também, gerando um círculo virtuoso.

Não existe certo e errado, bom e ruim. O que é razoável para um às vezes é detestável para o outro. No entanto, eu diria que nesse caso não é ruim ou bom: as pessoas são diferentes, não melhores ou piores que as outras. Até cientificamente é provado que somos diferentes, não há dois DNAs, duas impressões digitais, duas pessoas iguais no mundo. E olha que estamos falando de um mundo com quase 8 bilhões de pessoas e não existem duas iguais! Quer prova maior que isso? Nós somos humanos, por que

O PODER DA POSITIVIDADE

não podemos conviver? Por que queremos que o outro seja igual a nós? Nós somos semelhantes, mas não iguais. Nós somos diferentes. Igualdade pode ser na lei, em algum estatuto, nos direitos, mas como seres humanos, na espiritualidade, no físico, somos diferentes e precisamos respeitar e aprender a conviver com as diferenças. Querer ajustar cada um ao seu molde, na religião, na opção sexual, em gostos, costumes, vira a torre de babel que o mundo está vivendo agora. As pessoas não aceitam as outras, e assim sucessivamente. As consequências desse julgamento compulsivo e das ações baseadas nele são horríveis: fome, guerra, diferença social, desigualdade de A a Z, racismo, intolerância etc.

Assim, precisamos iniciar todos os nossos contatos com a pureza de uma criança, fazendo esforço para não julgar ninguém. Quando monto uma equipe, busco os valores das pessoas que estou contratando, não me deixo enganar pelas aparências ou por um currículo bonito. Afinal, procuro dar a elas uma oportunidade de empreender para elas mesmas, e não um emprego; eu quero que trabalhar para mim faça parte do plano pessoal de sucesso de cada funcionário. Acredito nas pessoas e confio, porque sei que vou cuidar delas para que sejam um sucesso, para que seu trabalho aconteça e seja reconhecido. E se eu cuido das pessoas, elas cuidarão da posição que se propuseram a ocupar no time, para falar de um modo mais simples: se eu cuido delas, elas cuidam de mim em troca.

Não julgue as pessoas pelos erros

Tenho uma equipe grande, mas 10% da equipe ou até mais já errou mais de dez vezes. Eu não tenho um número exato sobre isso, podemos chamar essa estatística de DataRufino, eu pego essa tendência de olhar as pessoas através dos anos. E esses 10% que mais erram são os líderes. Os melhores. Os mais preparados. Eles falharam muito, mas as coisas só não dão errado para quem não faz nada, e os meus líderes não podem ter medo de errar, senão só vão fazer o básico – e ninguém ganha o mercado sendo básico, só cumprindo obrigação. Não julgue as pessoas pelas falhas e sim pelos acertos. Avalie pelos acertos, pelas iniciativas que elas tomam para melhorar o seu negócio, pela forma com a qual aprenderam com o erro e o corrigiram, para tornar a operação mais enxuta, mais lucrativa, trazer mais clientes.

Promova as pessoas e não as detone, não seja o chefe que mais parece uma sogra sempre supervisionando, seja o parceiro que desata os nós que elas encontram para fazer o trabalho, o chefe está lá para isso! Se a pessoa não quer mais trabalhar ali, que ela tente outro lugar. No entanto, até para isso você precisa deixá-la ir embora com a autoestima numa situação boa, sem detonar, sem criticar, sem fazer um terror na vida daquele subordinado durante o aviso prévio ou tentar forçá-lo a se demitir. Isso é muito feio, é falta de caráter, você detonar uma pessoa só para guardar um dinheirinho. E é apenas a sua obrigação tratar a todos bem, até quem você acha que não está trabalhando direito. Você precisa

O PODER DA POSITIVIDADE

ajudar o semelhante independentemente de quem ele seja ou qual seja a situação, sem o egoísmo de só ajudar quando ele está à sua disposição ou quando faz o que você quer do jeito que você quer.

Quem são os seus?

Quando eu falo que você precisa cuidar dos seus, entenda o que estou tentando dizer. Quem você considera *os seus?* Eles são os seus semelhantes, qualquer ser que encontrar pela frente, não só a sua família ou só quem é parecido com você. As pessoas com quem você trabalha, principalmente as que lideram, são as pessoas com quem você precisa compartilhar, conviver, falar, conversar, confiar. Pare de pensar que aqueles com quem você convive no trabalho são estranhos. Você está em um coletivo, essa consciência vai fazê-lo aprender a conviver com as pessoas. Quando tiver de pensar em pessoas, pense que todos são os seus. Assim você vai ter mais cuidado e aprender a conviver com as pessoas, mesmo com aquelas que você não admira e nas quais muitas vezes nem confia; o importante é que você precisa aprender a amar.

Eu confio nas pessoas até que me provem o contrário, e até quando provam o contrário eu dou uma segunda chance. Basta não ser no mesmo erro, é só não insistir na mesma falha. Com falhas novas não há maldade, e sim humanidade. Os humanos vão falhar a vida inteira e, como eu disse, as pessoas não devem ser julgadas pelas falhas, porque seria muito injusto alguém julgar você só pelos erros que cometeu e não por tudo que já fez de bom.

Eu sempre achei que todos nós vamos ser substituídos à medida que a geração muda. Para ter uma ideia de como isso é verdade, veja uma criança operando um *smartphone*. O que significa que também é da natureza humana essa evolução. Todos nós temos o mesmo

> **Você está em um coletivo, essa consciência vai fazê-lo aprender a conviver com as pessoas.**

grau de inteligência. Não subestime o outro. Se você depreciar o outro, será menor que ele. Ninguém é menos inteligente nem menos capaz que ninguém, mas quando, de alguma maneira, você põe na cabeça de uma pessoa que ela é menor que os outros, ela para, estaciona. E então você, como líder, perde duas oportunidades: a de ter alguém crescendo junto com você e a de ajudar um ser humano que poderia ser brilhante e você o travou convencendo-o de que ele só podia ir até certo ponto. É desinteligente e desumano bloquear as pessoas.

O bom líder é aquele que consegue obter resultados pelo respeito e pela admiração, sem que precise necessariamente estar presente fisicamente. É alguém que constrói a autoestima da equipe, de quem todo mundo fala: "Quando trabalhamos com o fulano, tudo flui". A liderança melhor e mais eficiente é aquela que você realiza por respeito e admiração, nunca por imposição, nunca por medo, por detonar as pessoas ou deixá-las desprotegidas até

O PODER DA POSITIVIDADE

concordarem com você. Cuide bem das pessoas com carinho e disciplina, e elas cuidarão do resto para você com admiração.

Tudo isso eu não faço porque sou um santo ou porque sou uma pessoa melhor do que as outras; faço por inteligência, porque quando cuido das pessoas elas cuidam de mim, quando não julgo também não sou julgado, eu crio uma comunidade com os meus na qual podemos nos apoiar e viver a nossa humanidade sem medo de ser julgados ou rotulados de alguma coisa. Imagine eu, que já quebrei seis vezes! Não foram duas nem três, não, eu quebrei seis vezes na minha vida – e não dispenso a hipótese de que ainda posso quebrar de novo. Se aceitasse o rótulo de fracassado, de falido, jamais teria reconstruído a minha fortuna. Do mesmo jeito que não quero ser julgado pelas vezes em que falhei, não faço isso com ninguém, e até hoje isso só me trouxe benefícios. Essa postura me protegeu de tudo que é ruim, da tal maldade do mundo que lemos nos jornais.

Aliás, não julgue os outros também em relação ao modo como eles escolheram ser felizes. Se alguém decide seguir uma religião, ou ter um *hobbie* que você não entende, ou uma posição política diferente da sua, deseje que aquela pessoa seja feliz do fundo do seu coração. Se aquela pessoa gosta mais de outro tipo de música, ou se não frequenta os mesmos lugares ou a mesma igreja que você. Se alguém é gay, ou hétero ou fez voto de celibato, não está nas suas mãos bater o martelo se essa pessoa está certa. É certo quem é feliz e ponto. Não pense que a sua maneira de buscar a felicidade é a certa, pois é a certa para você. E cada um tem a sua fórmula da felicidade, o que é uma bênção, porque a nossa diferença nos traz abundância. Se todos quisessem a mesma coisa, não teria como todo mundo realizar os sonhos. Como cada um tem uma felicidade dentro de si, é possível que todo mundo consiga sim o que quer.

Temos dentro de nós uma centelha divina, o ponto divino por meio do qual devemos procurar o que falta para atingir a nossa felicidade, que está dentro de nós. Não devemos nunca parar o caminho do autoconhecimento porque ele vai nos colocar em contato com essa centelha. Está dentro do cérebro e todos nós podemos ativá-la por meio da crença (ou fé) naquilo que pensamos, e o que pensamos com muita força nos leva ao nosso objetivo. Quando julga alguém, condena o jeito que aquela pessoa escolheu para ser feliz, você bloqueia o seu acesso à própria centelha divina, fica mais difícil encontrar o ponto luminoso tendo de passar por tanto lodo dentro da sua cabeça. Facilite o caminho, limpe a estrada para a sua divindade.

Conquiste pessoas

Em vez de pensar em conquistar clientes, precisamos pensar em conquistar pessoas. Trate as pessoas todas como iguais, não existe ninguém mais ou menos importante. Se você gastar todo o seu dinheiro com um médico para tratar uma doença, mas se esquecer de valorizar o faxineiro, está tratando de modo diferente duas pessoas que são igualmente a imagem e semelhança de Deus e que podem ajudá-lo tanto uma quanto a outra, mesmo que de maneiras diferentes. Se esse faxineiro não fizer o trabalho dele direito e você pegar uma infecção hospitalar, de nada terá adiantado o trabalho do médico, então valorize a pessoa que está ali para te proteger e a proteja em troca. Todos são iguais... Trate bem o seu semelhante. Nós somos interdependentes nem que seja por energia. Se não quiser fazer por amor, faça por inteligência.

Hoje sou convidado para muitos eventos de inovação e empreendedorismo e fala-se muito em robotização, em inteligência artificial, em tudo que as máquinas serão capazes de fazer, mas se esquecem das pessoas, tratam as pessoas como se não valessem nada. E para que fazer as máquinas, se não para deixar a vida das pessoas melhor? Não consigo pensar em nada que tenha os valores que os seres humanos têm. E são eles que constroem grandes empresas e as máquinas que as mantêm, e não o contrário. As pessoas são a alma de qualquer negócio e devem ser conquistadas e não julgadas.

Para conquistar qualquer um, antes de apresentar credenciais eu acredito no poder da gargalhada. A ciência já provou esse poder. O riso é uma coisa contagiosa, tanto que os programas de comédia incluem áudios de risadas para nos fazer rir com mais facilidade, isso tem raízes no mecanismo neurológico humano, que já levantou a possibilidade de que os humanos tenham um detector auditivo de risadas – um circuito neural no cérebro que responde exclusivamente ao riso. Uma vez acionado, o detector de riso ativa um gerador de risadas, um circuito neural que nos faz produzir riso.[7] Já experimentou dar um sorriso para alguém que o fecha no trânsito? Uma vez eu saí do portão de casa e no primeiro farol fui fechado por um motoboy. Nem pestanejei, apenas fiz aquele gesto tradicional de paz e amor e sorri. Ele tirou o capacete e disse: *"Aí, foi mal"*! E eu disse a ele: "Sem problemas, acontece, um ótimo dia pra você", e ele sorriu e disse: *"Pro senhor também, Deus o abençoe, doutor"*. Além de acabar de ser diplomado em um doutorado que eu não tinha, ele ainda me abençoou! Com um sorriso, você reverte uma situação de raiva: desarmei alguém que estava pronto para ser xingado.

Pare de perpetuar a cultura do ódio

O ser humano é insano e a cada dia está ficando mais. Como você corrige isso? Seja sempre a pessoa que dá o primeiro passo. Seja você menos insano, mais tolerante. O cara que perdoa. Que perdoa não, né? Quem é você para perdoar? Que desconsidera o efeito, que não responde a uma ofensa, que opta por não fazer um comentário raivoso no *post* de um amigo nas redes sociais, que respira fundo antes de dar uma resposta atravessada para o chefe. Que olha a qualidade daquela pessoa e estabelece relacionamento. Que tem iniciativa e grandeza de ter gratidão e aceitar o outro

---

7. Disponível em: <https://www.psychologytoday.com/us/articles/200011/the-science-laughter>. Acesso em: 27 abr. 2018.

O PODER DA POSITIVIDADE

exatamente como ele é. A pessoa que aceita conviver ainda que seja apenas por uma questão de inteligência. A ser feliz em vez de esperar que alguém faça isso por você. Quando você decide ser feliz, automaticamente já faz o próximo ser também. Isso contagia. Não se ache melhor do que ninguém, o dono da verdade, o mais

> **Respeitar os outros é ter autocontrole sobre a arrogância e a vaidade que já estão dentro de cada um de nós.**

bem informado, o certo, o auditor das ideias dos outros. Respeitar os outros é ter autocontrole sobre a arrogância e a vaidade que já estão dentro de cada um de nós, e todos temos o poder de não exercer esses sentimentos danosos.

Um exemplo do nosso vício em julgar é quando viajamos para outro país. Todo mundo fica reparando na cultura do outro, e principalmente aproveitamos a oportunidade para falar mal do Brasil. E você vai daqui para outra cultura e, quando chega lá, já começa a julgar hábitos diferentes. Você não aceita nem o cara do seu lado, no seu país, com os seus costumes, né? Você acha o Brasil ruim, mas vou lhe dar uma notícia: você é mais parecido conosco do que com os gringos. E daí vai atravessar o mundo para ver gente de outros costumes e línguas e fica desse jeito. Comece trabalhando a dificuldade de conviver com os seus.

Tente reverter a sua relação ruim com este país, porque você está focando os 10% mais uma vez, os 10% que são despejados com ódio e xingamentos na tevê, nos jornais, nas rádios. Você não valoriza sua segunda mãe, sua pátria? Busque a sua referência de valores e pare de julgar negativamente. Não diga: "Ah, meu país é uma bosta, ele não tem jeito". Seu país é fantástico, um território espetacular, com natureza divina, proteção divina. Acontece tudo de bom aqui, até as crises estão servindo para fazer uma limpeza profunda na nossa política e na nossa economia. Nós escolhemos meia dúzia de idiotas para fazer gestão pública e temos um problema. Mesmo assim, temos a opção de trocar todos eles a cada quatro anos! E você está reclamando! As pessoas estão perdendo a referência de valores, não têm gratidão de viver em um país de poucos desastres naturais, no qual as pessoas se tratam com humanidade, um dos países considerados mais lindos do mundo, um líder regional. Um balde de coisas boas que existe em volta de nós, e as pessoas não percebem. E falo do mundo todo, cada um dentro do seu quadrado, religião, realidade, possibilidade, todos estão deixando de enxergar seus maiores valores e olhando do lado de fora da janela, querendo resolver o problema do outro, da relação, dos defeitos, costumes, cultura, hábitos do outro – e com dificuldade de olhar da janela para dentro, com os seus. Assuma o trabalho de aceitar os seus dentro deste país, desta realidade, pare de odiar. Não odeie quem não concorda com você, não odeie nem os criminosos, porque isso dá poder demais para eles. O cara rouba milhões e ainda tira sua paz! Que você entregou numa bandeja se tornando um urubu político que só canta desgraça. Para ser patriota, respeitar sua pátria mãe, é preciso ver o que você pode fazer pelo país, e não o contrário.

A minha lição aqui é que, se você julgar alguém, um lugar ou uma situação, comece indo para o espelho. Sua análise vai partir dele, está bem? Todos nós precisamos das pessoas, precisamos deste país, precisamos trabalhar juntos e cuidar uns dos outros, então não devemos julgar ninguém em hipótese nenhuma, por mais que isso pareça uma ordem do nosso instinto. O julgamento nos rouba muitas oportunidades. No mínimo, precisamos da ajuda de alguém para nascer, para viver e até para morrer. Então, caminhe com a mão aberta para cumprimentar qualquer um, porque você precisa das pessoas.

CAPÍTULO 9

Praticar o bem

Visto que estávamos falando sobre não julgar, acho que cabe emendar que o mínimo que se espera de você enquanto está neste mundo é fazer o bem. Se você não faz o bem, está literalmente desperdiçando um oxigênio valioso num planeta com 7 bilhões de pessoas. E digo ainda mais: faça o bem não importa a quem. Porque fazer o bem só para quem interessa não é bondade, é negociação; você precisa fazer o bem sem ver para quem, porque isso certamente volta para você, e é claro, como acabei de dizer, não é nada além da sua obrigação.

Acredito que todo mundo tem esse poder de fazer bem para o próximo, não importa quem ele é, e de modificar uma situação ruim para torná-la positiva. Mesmo que você seja pobre e sem condições financeiras, ainda tem a chance de fazer o bem. Eu tinha menos de 7 anos e via todos os dias minha mãe pegando sobras de feira para comer. Ela levava para casa, descartava a parte ruim da peça e consumíamos o que estava bom. E levávamos uma grande quantidade dessas sobras para que ela pudesse dividir com os vizinhos. Ela já estava me ensinando que todo mundo com quem convivo são os meus. Foi

> **O Universo tem muitos caminhos, então não podemos pensar que somente aqueles que conhecemos são os certos.**

a minha mentora. Ainda que morássemos em favela, tínhamos o que comer, estávamos juntos e poderíamos nos apoiar e apoiar quem estivesse à nossa volta. Ela me ensinou todos os valores que estão neste livro, ela me ensinou a continuar ajudando o próximo, fazer algo por alguém, em vez de lamentar.

Para mim, fazer o bem também tem a ver com saber enxergar o melhor do outro, porque muitas vezes fazemos o bem seletivamente, de acordo com os nossos julgamentos. Uma vez eu estava dando uma esmola para um mendigo no centro da cidade e passou uma senhora para tentar me impedir: "Cuidado, esse povo usa seu dinheiro para comprar droga". Primeiro: quem sou eu para julgar o que ele vai fazer com aquilo? O meu papel é ajudar e pronto; o que o outro vai fazer com a minha ajuda é papel dele. Eu vejo ali um homem passando fome; ele consegue pegar aquele dinheiro e comprar um pão. Se fizer algo ruim, isso certamente retornará para ele, assim como o bem que eu fiz vai voltar para mim por outros caminhos. O Universo tem muitos caminhos, então não podemos pensar que somente aqueles que conhecemos são os certos. Então, alguém pode me dizer: "E se a pessoa for um picareta?", eu digo a ela: "Olhe de novo". "É bandido?". Eu digo: "Olhe de novo". Na terceira ou quarta vez, somente se você não enxergar direito ou estiver travado espiritualmente vai conseguir ver com maus olhos essa pessoa. Caso contrário, vai perceber que 90% dela é bom, e que muitas vezes quem julgamos está apenas perdido ou passando por um momento muito difícil. Vive uma luta que você não imagina e talvez nem aguentaria levar adiante.

É claro que existem pessoas que são doentes, e isso nem você consegue alterar. Por exemplo, quem faz uma maldade para uma criança é doente, ali está um coitado. A própria maldade vai exterminar essa pessoa, jogá-la para longe, porque tudo volta, essa pessoa será presa ou internada, porque não tem nada de bom para oferecer a quem está próximo. O Universo expulsa, joga para a margem da sociedade. No entanto, um cidadão em estado normal e fisicamente sadio em geral é bom, tem a essência boa e você pode ajudar a despertar isso com o poder imenso que recebeu. Vocês são semelhantes a Deus e podem se entender, afinal, não é possível que dois semelhantes não conversem. Ele pode até cometer gestos de maldade, mas o resto é bom. Aproveite essa parte em cada pessoa que estiver perto de você e veja a quantidade de milagres que se manifestará na sua vida. É simples assim.

O PODER DA POSITIVIDADE

Quando levamos isso para a vida profissional, eu digo: faça o máximo para você e sua equipe. Seja o cara que acredita quando alguém fala que não veio porque está doente, a pessoa que, em vez de ter um ataque quando algo dá errado, chama quem errou de canto e explica exatamente como fazer certo, não seja desconfiado, busque a melhor negociação para quem trabalha para você quando for falar com a chefia. Sabe quando você está em um lugar tão limpo e organizado, tão bom, que toma o máximo cuidado para não sujar porque quer estar à altura desse conforto? É o mesmo efeito que temos com uma liderança que se preocupa em fazer o melhor pelas pessoas: a consequência é que elas vão dar o máximo de si mesmas, vão querer mostrar que estão à altura do tratamento da empresa. Não precisa fazer por você. E você vai ter resultado. Para ser admirado, faça e não espere contrapartida, não fique jogando xadrez com a vida de quem depende de você, nem se perguntando o que ganha com aquilo ou como pode se promover ajudando a equipe. Faça pelas pessoas. O país são pessoas. Família são pessoas. Faça pela família quando quiser uma boa família. Faça pelos colaboradores quando quiser ter uma empresa. Não fique esperando o que o país pode fazer por você.

Cuide

Faça o bem para o próximo e faça-o espontaneamente. Não existe coisa mais gostosa do que ser espontâneo e fazer essa conexão com a bondade. Cuidar de alguém nos dá uma sensação maravilhosa, você se sente renovado. Aposto que já experimentou o sentimento bom que se manifesta quando ajudamos uma pessoa que precisava muito. Pois então, deixe esse sentimento entrar na sua vida com mais frequência. Cuide dos outros e pronto, carregue a sacola da velhinha na saída do supermercado, ofereça ajuda para aquele turista que está claramente perdido. "Ah, Rufino, mas eu vou ficar abordando as pessoas sem elas pedirem?" Ué, é pra fazer o bem sem olhar a quem, e você ainda pode ganhar um amigo.

Sempre gostei de cuidar das pessoas espontaneamente, isso nasceu comigo. Cuidei do meu pai desde os 11 anos até ele morrer, aos 106 anos, e cuido de todos os que solicitam, nem que seja só com atenção e carinho. Eu falo muito da minha mãe, mas meu pai foi um cara bacana, que também me ensinou o valor de família na prática, de um jeito diferente do dela. Ele não tinha instrução, falava pouco, e eu precisei arrumar emprego aos 8 anos para cuidar dele, que tinha menos juízo que eu. No entanto, eu já tinha aprendido com minha mãe que você cuida dos outros e pronto. E eu cuidava dele e não deixei de ser apaixonado por ele. Meu pai se casou dez vezes, então não tinha tempo para cuidar de nós, porque cuidava das mulheres dele, e eu o ajudava. Aprendi a cuidar dele aos 8 anos, passei a cuidar dele materialmente, além da média, aos 11, e cuidei do meu pai até quatro anos atrás, quando ele adoeceu aos 105 anos. Ele adoeceu com 105 e faleceu com 106 anos. E eu ia ao sítio que tinha comprado para ele morar para reabastecer minhas energias. Ele já morava lá há trinta e poucos anos. Eu me sentava ao lado dele para me conectar e me abastecer da energia que ele transmitia mesmo sem falar uma palavra. Ele perguntava: "Tá tudo bem?", e eu respondia que sim. Ele percebia que eu ia lá para me abastecer.

Eu acredito que todos nós nascemos em uma família porque foi o jeito de Deus nos provar desde muito pequenos que ninguém faz nada sozinho. Mesmo se você não vier de uma família tradicional, houve uma família que criou quem você é hoje, um grupo de pessoas a quem você deve muito. Você precisa das pessoas e elas precisam de você. Além de ter pensamento bom (como exploramos no capítulo 8, ou seja, não ficar julgando as pessoas), você precisa colocar a sua mentalidade positiva num valor de ação: pratique! Torne-se um braço do bem. Nós somos interdependentes por natureza e precisamos das pessoas para nascer, viver e morrer. Ou seja: o pouco tempo que você fica neste Universo é direta ou indiretamente dependente de outra pessoa. Então você precisa conviver com essas pessoas. Lembra de quem são os seus? Tanto os de sangue, com os quais convive onde dorme, quanto os outros, com os quais passa o dia.

Praticar o bem começa por ouvir o que o outro tem a dizer

O primeiro passo para ser alguém que faz o bem é aprender a ouvir. Eu me lembro de que, na geração anterior, os casais costumavam brigar muito porque o marido chegava em casa do trabalho sempre muito cansado e queria jantar, mas a mulher tinha uma série de problemas da casa e dos filhos sobre os quais queria conversar, queria o apoio do marido, e ele começava a gritar e dizer que ela

> **O primeiro passo para ser alguém que faz o bem é aprender a ouvir.**

era chata, que não parava de falar, que não lhe dava paz. Tudo o que ela queria era o apoio do outro adulto da casa para resolver um problema, ela já tinha trabalhado o dia inteiro sem parar (ainda mais porque antigamente as famílias tinham mais filhos, a vida da mãe era uma loucura maior ainda). Não ouvir quem vem até você é o maior tiro no pé. Não fique se achando o maioral porque coloca dinheiro dentro de casa, porque esse tipo de autoridade nem existe mais. Hoje, ainda que você seja o mantenedor da casa, o líder, ainda vai ter de negociar com os filhos e o cônjuge, as pessoas vão questionar o que você faz, porque é da natureza humana. E não é mais que sua obrigação ouvir aquelas pessoas que o amam e não votam no que você decidiu, mesmo se você for a pessoa que os mantém de pé. Se nesse ambiente você precisa negociar e conviver, se ali você faz tudo e aceita que o voto é não e mesmo assim continua amando, você vai encontrar o caminho da felicidade. Aceitar e ouvir o outro é entender o que ele precisa, como você pode ajudar.

Precisamos ter humildade para ouvir. Isso faz parte dos valores. E em qualquer lugar que você conviver, vai precisar aprender a ouvir as pessoas, nem que seja por inteligência (repito isso de propósito). Faça as pessoas com quem você convive sentirem que podem lhe falar o que pensam; assim, você vai descobrir o que de fato acontece na sua casa, na sua empresa, e até com seus concorrentes. Abra os ouvidos, é o primeiro gesto do bem.

Não espere nada em troca

Você pode fazer isso a vida inteira que nunca vai acabar. Pelo contrário, nunca vai fazer falta, sempre vai se multiplicar. Eu sempre falo que as pessoas devem praticar o bem, se não for por carinho, amor e solidariedade, que seja por inteligência. Porque o Universo é fantástico e devolve para você. E quando eu faço o bem para alguém, geralmente isso é infalível. No entanto, não espero nem um obrigado de volta. Porque o cérebro é poderoso: quando esperamos um agradecimento, abrimos uma válvula e fica um vazio ali; não crie vazios dentro de si mesmo, você merece ser preenchido. Ocupe o vazio com outra coisa, delete aquela boa ação que você fez. Use o espaço do cérebro para ser criativo e juntar energia para fazer de novo por mais alguém. Não espere reciprocidade, pois isso é desinteligente. Já falavam os antigos: "Faça o bem e não olhe a quem". Não ocupe seu espaço com lixo. Se já foi, é resíduo; e você não deve ficar carregando o que já foi, o que é velho. Você já ajudou, já fez. Não olhe mais para isso. Ocupe o espaço com coisa nova, com energia para continuar praticando o bem.

Acho possível praticar o bem a vida inteira e essa energia nunca vai ter fim. Aprendi a trocar aquele espaço mental (imenso), que a gente gasta alimentando a necessidade de reciprocidade, com a criatividade, com as ideias novas de como ajudar alguém, com a minha paixão. Acho que fazer qualquer coisa com amor e paixão traz uma energia tão forte pelo outro que só pode acontecer de verdade se você for desinteressado. Como eu tenho muito amor, cuidado e autoestima comigo mesmo, doo tudo o que sobra para quem está à minha volta. A energia que eu gasto ajudando as pessoas é reposta com facilidade e nunca vai fazer falta. Sempre posso fazer um pouco mais por alguém, perguntar como está o dia, fazer uma ligação para ajudar a conseguir uma reunião, oferecer um copo d'água, puxar a cadeira para alguém sentar, ficar acordado por mais um tempo para ler algo que alguém me pediu.

Muito da minha crença do poder da prática do bem veio da espiritualidade, e eu sou fascinado por perceber as semelhanças entre as religiões porque é muito bonito todas pregarem o bem. Acredito em todas as religiões, pois para mim todas são boas. As pessoas escolhem o modelo, exercem e buscam a fé. Eu vou a qualquer lugar para o qual me convidem, mesmo que se trate de religiosidade; se fala do bem, eu vou e absorvo a energia disso. Não faz diferença a opção religiosa, o que importa na vida é se relacionar e ajudar alguém.

Outra coisa que percebo que qualquer religião ensina é que, mesmo se você for temente a Deus, seu poder individual é gigantesco. E esse poder está justamente em ajudar as pessoas. Eu posso morrer sem um real no bolso, mas terei o coração feliz por tantas pessoas que ajudei, e isso será o suspiro final de "missão cumprida" que eu quero dar antes de descansar. Ainda vou durar muito, quero ajudar muita gente, porque eu conheço o meu poder. Eu já conhecia quando tinha 8 anos e cuidava do meu pai querido. Temos tanto poder para influenciar o outro, então vamos ajudar as pessoas! Quando vou a qualquer lugar sempre acho que as pessoas vão ver em mim o que vejo nelas, minha oração é essa; quando olho para uma pessoa, eu vejo a semelhança divina. Só vejo coisas boas, só vejo energia boa e positiva, só vejo possibilidade de fazer o bem. Só vejo as coisas que brilham, a semelhança de Deus, e as pessoas alegres. Só vejo isso e é como se fosse um reflexo. E as pessoas veem em mim exatamente o que estou vendo nelas. Aí elas relaxam e me dão um abraço. São crenças minhas, mas, se me fazem bem e não estou fazendo mal para ninguém, prossigo! Eu abraço de volta, eu abro os ouvidos para escutar, eu ajo em prol dos meus semelhantes.

CAPÍTULO 10

Ser feliz

Tenho a sensação de ter sido blindado pela minha mãe, a melhor *coach* de todos os tempos, como já disse tantas vezes aqui neste livro. Acho importante sempre reforçar o papel dela na formação da minha mentalidade, e procuro hoje pedir às mães que façam com seus filhos o que a minha fez comigo. Imagine que eu a tive só até os 7 anos e estou aqui praticamente com 60 ainda tão preenchido dos ensinamentos dela! Peço à mãe dos outros que sejam assim, às mães de quem está nascendo agora e às minhas noras que façam com meus netos o que ela fez comigo: blindá-los e empoderá-los para que percebam logo cedo que têm valores e, uma vez blindados, sejam felizes a vida toda, como eu sou feliz a vida inteira. Blindem esses corações, esses valores, para que isso se torne a arma deles no futuro. As mães hoje falam para os filhos, o tempo todo, que eles não podem mudar nada, querem que já saibam disso para não sofrerem, mas o tiro sai pela culatra. Eles também são a semelhança divina e o que é que Deus não pode? Você não tem fé?

Na verdade, praticar o valor **ser feliz** é o mais fácil de todos os citados neste livro e ao mesmo tempo o mais difícil. Sabe por quê? É muito fácil ser feliz: é só não ter expectativas. Deus tem muito mais portas para abrir do que as que se fecham.

Quando me perguntam qual foi a fase mais feliz da minha vida, acham que vou responder "na compra do primeiro carro", ou "no primeiro milhão" ou algo do tipo. Então, eu sempre causo surpresa quando digo que foi até meus 7 anos. É que até essa idade, além dos meus valores, eu tinha a minha mãe, que faleceu quando eu tinha menos de 8 anos e não tinha nenhuma expectativa sobre o que a vida deveria ser ou como deveria me tratar. Eu nem sentia falta de conforto, comida, dinheiro, porque você não pode sentir falta do que não conhece. A expectativa era tão baixa que a felicidade era imensa. Acordar de manhã era um evento, tomar café era uma delícia, jogar bola era um prêmio. Eu não tinha um pré-julgamento de como a vida deve ser, porque sabia viver. Vivia no presente e era feliz. E você pode me perguntar: "Então depois disso a sua vida ficou ruim?". É claro que não, ela só ficou diferente. Devemos ser alegres por causa da grande dádiva da vida.

No entanto, viver sem expectativa exige que digamos adeus para muitas ilusões, por exemplo, de quem nós somos, do que os outros deveriam ser, do que a vida deveria ser. Eu acredito que a simplicidade nos dá todas as respostas, e o jeito mais simples de ser feliz é não ter expectativas, isso não significa que você deva ter autoestima baixa, que não espere nada de si mesmo, mas sim que não fique contando com isso para poder fazer as coisas, que não deixe a ilusão crescer em sua mente. Diferentemente de ter expectativa, é ter um sonho e traçar um plano para realizá-lo. Não fique esperando nada da vida nem das pessoas; levante cedo e vá cumprir seu plano, você é um ser muito poderoso.

Não esperar nada é um treino e sempre dá resultados em termos de felicidade, porque o outro lado da moeda da falta de expectativa é a gratidão. Toda vez que você exercita uma, a outra fica em alta. Você não espera nada, logo, agradece por tudo o que tem, por tudo que aparece, por tudo o que conquista. E quando você não espera por nada, percebe que tudo é positivo. Você precisa sempre reavaliar o seu ponto de vista, pois tudo depende dele, mas tudo, tudo mesmo que acontece é para o seu bem e é uma coisa boa.

Seja feliz em todas as áreas da sua vida

Não compre esses ditados populares que ficam doutrinando que toda vez que uma área da sua vida estiver bem a outra vai desmoronar. Se o trabalho está ótimo, o casamento acaba, se você se apaixonou, vai começar a ter dificuldade financeira. Você pode e merece ser feliz em todas as áreas da vida, e é simples ser feliz. Contudo, a primeira coisa é você aprender a separar felicidade de prazer, pois existem momentos dentro da nossa felicidade que não são prazerosos, mas são muito felizes. Passar a noite acordado com o seu filho enquanto ele vomita porque comeu algo estragado não é nada agradável, mas é um momento feliz, sim, porque ele se sente amado e você sente que pode fazer algo por ele, confortá-lo, ajudá-lo. O mesmo

> Então, quando estiver em um momento desagradável, entenda que talvez isso também seja parte da sua felicidade.

se passa com uma reforma da casa: parece que você e sua mulher vão se matar, mas reforma, apesar do estresse, é sinal de que vocês estão com dinheiro para fazer melhorias, é uma casa que vai ficar mais bonita e mais gostosa de viver no final desse processo. Não é prazeroso, mas é muito feliz. Então, quando estiver em um momento desagradável, entenda que talvez isso também seja parte da sua felicidade.

A segunda coisa é entender a hora de cortar algo que não faz bem. Seja a pessoa mais humilde, aberta e positiva do mundo, mas, por exemplo, se você está ganhando dinheiro com uma vida profissional que está decolando, mas não consegue confiar na pessoa com quem casou para dividir um problema do trabalho quando chega em casa, ou não consegue ter uma conversa sincera e amorosa, reveja quanto esse relacionamento soma para a sua felicidade – se isso não é só uma questão de ego, de vaidade. E se você não sente essa confiança na sua mulher, no seu marido, sente que seu relacionamento é tóxico e não tem parceria, que não é possível compartilhar elementos do seu trabalho porque a pessoa que dorme com você o prejudicaria... Não fique separando as áreas da vida para manter o relacionamento, escolha de novo! Vá procurar um relacionamento no qual você se sinta livre, protegido, tranquilo em dividir sua vida. Não é possível viver infeliz! Então, saber cortar é muito importante para ser feliz, porque você precisa priorizar o valor da felicidade a todo tempo, o que não é parte da felicidade precisa ser reconhecido.

Sei que ouvir que o melhor é romper o relacionamento é duro, e você pode estar encontrando um milhão de desculpas para não fazer isso agora. Resolva ou aceite, mas não fique em cima do muro, infeliz. Conviver em família pede flexibilização, ajuste, ser político. Então, veja se você tem confiança real (e acho que provavelmente tem, porque em geral as pessoas sob o nosso teto dariam a vida por nós) e invista nesse relacionamento.

E, por último, seja muito feliz resolvendo problemas. Toda vez que aparece um problema eu sou o primeiro a querer me meter no meio. É como uma equação: justamente eu, que não estudei, me especializei nessa escola. Eu vejo o problema como um jogo: preciso ficar girando-o para entender qual é o ângulo em que eu consigo entrar e tomar conta daquilo. Então, não amaldiçoe seus problemas, pois eles também fazem parte da sua felicidade. Sua declaração do imposto de renda, sua fila no supermercado, seu jejum para fazer exame de sangue – e as coisas mais complexas, a sua dívida, a sua doença –, tudo isso é um cubo mágico que a vida entregou para você rodar, rodar, testar sua habilidade e sair disso mais inteligente. Peça ajuda das pessoas, confie em você e vá jogar.

Ter direito a mais um dia

Quando você estiver em um beco sem saída, lembre-se de que tudo que precisamos é apenas o direito a mais um dia. E isso é um baita remédio para você lembrar de ser feliz. Em geral, quando o tempo das pessoas se encerra, elas costumam pensar que tudo que queriam era apenas o direito a mais um dia, uma única oportunidade de viver a vida que deram por garantida o tempo todo, porém no final elas não têm mais esse tempo disponível... É aí que elas descobrem o valor desse presente divino, mas não há mais tempo para viver. Então, agradeça porque você tem mais um dia, e em um dia dá para fazer muita coisa, mudar o percurso, rever aquilo em que você acreditava, pedir desculpas para alguém.

Eu aprendi na prática que todos os problemas que o dinheiro compra ou resolve são pequenos. Lembre-se, você está lendo sobre um homem que quebrou seis vezes. Porque tudo que o dinheiro compra tem solução, pode ser negociado, parcelado, ganhado ou perdido. Dinheiro é a variável mais fácil de controlar dentro da receita da sua felicidade. Não fique depressivo por causa de coisas materiais que o dinheiro pode comprar. Na minha lista de valores a única coisa que se repõe sem deixar marcas é o dinheiro. Repor meus filhos, minha mulher, minha gratidão, minha alegria, minha felicidade seria muito mais difícil e doloroso, caso eu os perdesse. Então, seja grato também pela sua falta de dinheiro, porque ela é um dos problemas mais simples de resolver.

Às vezes as pessoas falam em discriminação, mas se o indivíduo é pobre, gordo, rico, magro, branco, preto, não faz diferença. Isso é coisa da sua cabeça. É um julgamento em que você pode sentar na cadeira do réu ou não, pode ser vítima ou não. Tem opção, a opção de ser feliz e deixar esse preconceito bater no paredão da sua felicidade. Eu aprendi desde cedo com a minha mãe a não ficar me identificando com o preconceito dos outros por eu ser preto. Se me agredissem fisicamente, eu reagiria, mas não ia ficar alimentando com atenção dentro de mim aqueles olhares de desconfiança, de ódio, de desprezo. Eu fui fortalecido por ela para não gastar a minha energia, que era preciosa, com lutas contra o ódio dos outros; era melhor fazer as minhas coisas! Eu tinha muita coisa para conquistar, muita gente para cuidar, para ficar me desgastando com ignorância dos outros. Preciso ser feliz, ser feliz acima de tudo. Fortaleça suas crianças e seus filhos para acreditar que a pobreza ou a classe social não podem ser maiores que eles, que eles serão felizes acima de tudo, é um valor importante.

As pessoas pedem ajuda a Deus, mas Deus já as ajudou. Você já nasceu, olhe para isso e veja que felicidade é essa. Essa é a maior arte que Deus pode fazer para você. Está cientificamente provado que é muito difícil nascer. E você nasceu. Essa é a dádiva divina. Depois que nasceu, você só precisa viver. E precisa só do dia. E o dia começou. Se não por gratidão, amor, respeito e fé, faça por inteligência: agradeça. Você ganhou mais um dia. Pode ser seu último ou um dos seus melhores. Faça dele o que você quiser, com seu livre arbítrio. Esse valor não tem preço. O que você tem de mais raro é a vida. Tudo que você precisa é a continuação da vida – o dia. E ele começou. Você já tem motivo para ser grato e buscar a referência dos seus valores. É por meio deles que você começa a se formar, a ter base para saltar, a crescer como ser humano – e, se for um grande ser humano, será bom em qualquer coisa que tenha escolhido ou escolha fazer. Então, comece o dia agradecendo e termine assim também; você vai notar uma melhora que não tem nada de mística, é prática!

As pessoas estão perdendo essa referência e é uma pena. Estão ficando pequenas e perdendo a chance de crescer como seres humanos. Quando elas falam em ser um bilionário, ter um cargo A, posto B, ser um executivo, ter um posto na área pública etc., esquecem do básico, que é o crescimento humano. Quando você cresce como pessoa, algo que depende da referência de valores, percebe que vai se tornando um ser humano melhor, que aceita as pessoas, não julga, não se importa em ser julgado, e terá o amor da prática, terá paixão por si mesmo e pelo próximo, aprenderá a respeitar o semelhante, conviver com ele, conectar-se com as pessoas como elas são. E isso é o básico para seu crescimento. As pessoas se preocupam em crescer na parte material e não é sempre que se tem isso. Ao crescer como seres humanos, crescemos para sempre. A felicidade é um estado de espírito e as pessoas continuam confundindo as coisas.

Existem tantos valores, tantas maneiras de se completar, de se refazer, ser feliz, e ainda tem gente que acha que a resposta é ganhar na loteria, achando que o conforto pode curar o seu coração. Se elas observassem com mais atenção, perceberiam que a maior parte das pessoas que ganham na loteria não é feliz, que a maior parte dos bilionários não é feliz, porque passaram a deixar o aspecto material ser maior do que eles. Eu sou irritantemente feliz, já diz a minha filha. Sabe quando a família sai para acampar na praia e chove, entra água na barraca, as crianças começam a chorar, o carro quebra e você percebe que o colchão furou, e tem um cara ali que fica rindo e fazendo piada, careta para a criança e ainda tem a coragem de virar e falar: "Olha, amor, que árvore linda do lado da nossa barraca furada!"? Eu mesmo. Porque eu não quero dar a nada nem a ninguém o poder sobre a minha felicidade; não entrego essa chave na mão nem dos meus fracassos nem dos meus sucessos. Eu sou feliz por estar vivo, Deus já me ajudou, e eu estou aqui. Então vou ser irritantemente feliz, vou acordar assobiando, vou cantar no chuveiro, vou olhar o balanço

O PODER DA POSITIVIDADE

do mês e, mesmo se algo der errado, vou fazer tudo sorrindo, me conectando com as pessoas, abraçando quem eu encontro. Isso é poder de verdade, cara! Eu não consigo imaginar nada que tenha mais valor do que nós, as pessoas e a nossa felicidade. Seja feliz porque é para isso que você veio ao mundo.

CAPÍTULO 11

Não existe final que não seja você quem ditou

Como você não consegue sorrir todos os dias de manhã?

Eu vejo as pessoas tristes, pensando em problemas o tempo todo, preocupadas com dívidas, criando conflito desnecessário com a família só para se autoafirmar, querendo que a vida mude para se encaixar na ilusão delas. Eu vejo tanta desesperança e tanto sofrimento que as próprias pessoas causaram em suas vidas e, andando pelo Brasil, reparo que hoje as pessoas não me perguntam mais como ganhar dinheiro. A busca delas hoje é por felicidade, por realização, por ter aquele sentimento que é maior do que dinheiro. Elas me falam disso quando conversamos, mas ao voltarem para a própria vida tomam todas as decisões baseadas em dinheiro, em proteger sua sobrevivência do jeito mais instintivo possível, em vez de se pautarem pelos seus valores. Com os valores, a felicidade invade o coração.

O PODER DA POSITIVIDADE

É muito boleto para pagar, eu sei, mas não é possível que essas contas, que sempre vão existir, definam o seu jeito de pensar e de agir. O que eu quero propor aqui é que você passe a definir como pensa e age por valores, e não pelas "buchas" que a vida envia para todos nós. Não deixe os problemas dizerem que tipo de pai, líder, marido, você vai ser; os seus valores é que vão dizer isso e ainda vão ensiná-lo a lidar com as "buchas".

Fiz questão de mostrar a você quais são os meus valores, porque todos os dias ouço a mesma pergunta: "Rufino, como você consegue ser tão feliz? Como as coisas dão tão certo?". Ora, é meio engraçado achar que tudo só dá certo para um cara negro, que veio da favela e quebrou seis vezes ao longo da vida. Entretanto, acho que essa impressão fica forte porque meus valores são fortes, com eles não só superei tudo, como também consegui fazer com que isso não me definisse: não é disso que as pessoas se lembram quando pensam em mim. Elas se lembram de que eu sou um cara família, pensam em humildade, positividade... Porque é isso que eu sou.

Achei que seria bom para você ter aqui um desenho da minha árvore dos valores, para que você os incorpore, medite sobre aqueles que leu aqui e dentro dessa jornada não só mude sua vida, mas também perceba se existe mais algum valor seu que deva ser incorporado à própria árvore.

Família, Humildade, Positividade, Paixão, Não julgar, Praticar o bem, Ser feliz.

Sei que posso estar sendo repetitivo, mas insisto em dizer que as pessoas se esquecem de uma coisa que tem muito valor, que é o dia, afinal **nós só precisamos de mais um dia**. E elas ficam procurando algo pelo que agradecer, quando a gratidão deveria estar em seus valores, por terem recebido essa coisa milagrosa que é a vida. Viver e ter a possibilidade de ser amado por alguém, de ver um dia ensolarado. Eu nunca tive um problema que fosse maior do que eu, porque acredito que os poderes são meus, a vida é minha, fui eu que criei a planta desse prédio e cabe a mim usar esses poderes de modo mais adequado. Assumir a responsabilidade pela própria vida é o grande passo para se empoderar e fazer tudo aquilo para o qual somos criados, vivenciar tudo aquilo em que acreditamos.

Eu penso no amor que sinto todos os dias pelas pessoas, e aconselho que, enquanto você vivenciar seus valores, procure usá-los para amar incondicionalmente as pessoas. O amor é fundamental para sempre tratarmos os outros como semelhantes a Deus, como iguais, para não julgá-los, para manter a nossa humildade. Existem mais portas que se abrem para quem ama do que para quem odeia, critica ou julga.

> **Família,**
> **Gratidão,**
> **Positividade,**
> **Paixão,**
> **Não julgar,**
> **Praticar o bem,**
> **Ser feliz.**

Deixar de pensar em dinheiro o tempo todo é uma das melhores formas de mantê-lo na sua vida. Dinheiro é a única coisa da lista que pode voltar para você com o tempo, com o trabalho, com a mudança de mercado, com o seu esforço. Dinheiro é o que menos vai fazer falta quando for embora, também. Tudo pela ordem: antes do dinheiro, precisa ter o que é fundamental, ou seja, todos os outros valores.

Eu tenho uma meta material para todos os dias da minha vida, que é sempre 1. Eu preciso terminar o dia pelo menos 1 dólar mais rico que no anterior, ganhar 1 real, o que for. Fazer 1 negociação, resolver 1 pendência. Assim eu sempre consigo cumprir minha meta. Nas palestras, tenho a meta de contagiar 1 pessoa a refletir sobre seus valores. E assim vou construindo minha prosperidade, trabalhando com meus valores, uma coisa por vez, sempre com o foco de conseguir aquele 1 que eu tenha me proposto ao iniciar o dia.

A minha meta de relacionamentos é, todos os dias, abraçar pelo menos 1 pessoa. Se algum dia isso não aconteceu, entendo que vão me entregar o dobro no dia seguinte. Ou seja, não sofra, agradeça e entenda que foi o homem que inventou o relógio, então a mudança de data é muito relativa. Qual é a diferença se hoje você ganhou alguma coisa a menos, o que isso vai mudar na sua vida? Coloque a meta para orientar a si mesmo, não para gerar mais frustração em um mundo que já é complicado, vá colocando as metas materiais e pessoais, sempre pequenas, e trabalhe humildemente por elas. Se não acontecer, não é o caso de você ficar se criticando, ou nervoso, vá para o próximo dia.

Tenha consciência do seu poder e o mantenha com você

Eu vivi no lixo, mas não carrego lixo dentro de mim. Não carrego nada de negativo que as pessoas possam fazer para mim ou me desejar, porque, a partir do momento em que cai em provocação, você deu muito poder a alguém. Você é poderoso demais, tem o poder de construir outra vida do zero, se quiser, de fazer o que bem entender, e não pode ficar cedendo o seu poder aos outros, desistindo de ser o dono de si mesmo porque se deixa levar pelo que os outros pensam de você. Eu não permito que um terceiro tenha poder sobre mim, por isso não julgo, não deixo de amar nenhuma pessoa e de fazer o bem; eu me preencho por inteiro, e assim ninguém vai conseguir me tirar de quem eu sou. Ter esse poder me deu ferramentas para ajudar as pessoas sem esperar reciprocidade, o que é uma das melhores sensações do mundo. O que é doado de coração não faz falta, só multiplica, pois não existe escassez do que se doa. Trabalhar 12 horas por dia não é escravização se você é apaixonado por aquilo que faz, se está de corpo e alma em algo em que usa o seu poder para construir o melhor para você dentro dos seus valores.

Por isso, pare de se achar um coitado, porque você é imagem e semelhança de Deus, e nós não vemos Deus entregando o poder Dele. Nós somos muito maiores que nossos problemas. Nascemos antes deles, criamos cada um deles. Então, com certeza conseguiremos resolvê-los; enquanto estivermos respirando, eles serão resolvidos. Muita gente me pergunta: "Mas, Rufino, eu nasci com necessidades especiais, isso para mim é um problema, eu não tinha como evitar ou criar isso". Se você é uma dessas pessoas, é claro que não criou a sua necessidade, mas precisa entender que ela é parte de você, mas não o define integralmente. Use-a para a sua vantagem, para o seu benefício; vejo pessoas que escrevem sobre a experiência de ter determinada necessidade especial e assim ajudam milhares de outras pessoas, pessoas que usam isso para criar um novo *design* de móveis, para entrar na política, para ter empregos tradicionais e mostrar para as próximas gerações que são perfeitamente capazes, enfim, para mudar o mundo. Essas pessoas se deram conta de que nasceram únicas, especiais, capacitadas para fazer algo que ninguém mais da convivência delas seria capaz. O brilho delas vai longe, e vai cegar qualquer limitação que possa ser colocada sobre elas. E digo o que minha mãe dizia: "Não gaste sua energia ou entregue seu poder para quem olha torto para você, para quem tem preconceito, para quem não sabe enxergar você". Não se desgaste, você tem coisas para fazer! Tem sonhos para conquistar, tem valores para propagar pelo mundo. O poder é seu, e, se a sociedade é um lixo, você não é lixo e não dará ibope para essa gente. Vai ajudar cada pessoa que falar com você a entender isso, vai fazer sem esperar nada em troca, pois só

O PODER DA POSITIVIDADE

> **Na maioria das vezes, os fracassos são, na verdade, desistências.**

tem a ganhar com isso. Desse ponto de vista, eles sempre são menores que nós.

Para quem pensa em abrir uma empresa (mais uma categoria que me procura muito, e eu adoro conversar com essas pessoas), sugiro que empreenda com o coração, de dentro para fora, pois empreender é um sentimento. Não adianta ficar procurando "o que dá dinheiro", porque você vai ficar se impedindo de fazer isso durante o processo inteiro, se não nascer dentro de você. Na maioria das vezes, os fracassos são, na verdade, desistências. E a maioria das desistências não acontece por incompetência, mas porque aquele empreendimento não surgiu do coração, e sim da ganância, da vaidade, de algum lugar que estava fora dos valores de base do empreendedor. Abrir uma empresa é quando você se determina a ser um gerador de oportunidades – para você e para mais alguém, seja lá onde estiver, independentemente do CNPJ, e para isso não pode estar sem contato consigo mesmo, com quem você é de verdade, com a sua missão na Terra.

Crie a sua saúde

Aprendi aos 15 anos que todos nós temos, em nosso cérebro, o poder de gerar saúde ou doença e, desde então, vi em muitas matérias de jornal e em muitos livros que isso era verdade. Existem doenças que passamos anos cultivando com as nossas mágoas, com uma vida de estresse, com o apego demasiado à nossa vaidade, com a falta de amor próprio e de autoaceitação. Nossos pensamentos doentes nascem ali, no cérebro, que comanda todo o resto, então é claro que o corpo, com o tempo, começa a responder ao que está comandando. Às vezes temos um probleminha, ou um problemão, de saúde que nós mesmos geramos. Da mesma forma, todos nós temos o poder da autocura. Como é que você aciona uma coisa ou outra? Por meio daquilo que você pensa e acredita.

Existe um livro maravilhoso sobre isso que você pode buscar, que é sucesso internacional, *Você pode curar sua vida*, da Louise L. Hay. Nesse livro, a autora estuda como nossos pensamentos vão formando a nossa vida e principalmente a nossa condição física. Ela afirma que a primeira coisa para começar a cura é se olhar no espelho, sem desviar, e repetir em voz alta que você se ama e se aceita. Você teria coragem de se declarar para si mesmo?[8] Todos os dias, em voz alta dizer "eu me amo e me aceito exatamente como sou." Se você acredita que determinado tipo de pensamento ou atitude vai lhe gerar doença, seu cérebro vai trabalhar para isso e fazer a *sua* vontade. Da mesma forma ele vai trabalhar se você acredita que certo comportamento ou atitude vai lhe gerar saúde.

---

8. Disponível em: <http://www.dailymail.co.uk/femail/article-4849112/YOU-heal--life-again.html>. Acesso em: 27 abr. 2018.

Então, você precisa ter cuidado com aquilo que pensa, precisa ser muito vigilante consigo mesmo.

Tudo o que você é e o que você cria partem do seu conteúdo interno. Não existe nada neste mundo que não tenha saído da alma de alguém. E é um problemão se você não usa todo o seu conteúdo interno para fazer algo condizente com seus propósitos, porque você estará desperdiçando a sua missão de vida, o seu poder, a sua marca no mundo. Todos os meus valores me levaram a ser uma pessoa com inteligência emocional, algo que minha mãe deixou de presente quando morreu tão cedo, porque ela sabia que não poderia me guiar a vida toda. Sem uma luz que nos guie fica realmente muito difícil; os antigos já olhavam para as estrelas para saber aonde ir e eu consegui fazer dos meus valores as minhas estrelas. O que você está esperando para viver sorrindo todos os dias, de acordo com o que carrega no seu coração e na sua mente? Seus sonhos não surgiram do nada, eles vieram com você, com a sua vida, com o seu conteúdo interno. Você não tem nem mais um minuto para desperdiçar.

CAPÍTULO 12

Tudo vai dar certo

Se você fica procurando durante todo o tempo uma confirmação de que está no caminho certo, de que merece ser feliz, poxa, olhe no espelho, respire fundo e lembre-se: você está vivo! Deus já o ajudou, quer prova maior que essa? Não existe. Então, você vai ficar frustrado esperando por uma carta registrada e carimbada de que você vale a pena, merece viver seus valores e ser feliz todos os dias? Não adianta criar esse labirinto de insegurança na sua mente, querendo outro tipo de prova de que você precisa buscar a sua felicidade, além do fato mais milagroso de todos de que, contra tantas disposições naturais, você nasceu e é suficientemente saudável para ler este livro. Você tem tanto poder nas mãos!

Em 2002, numa das vezes em que tudo foi pelos ares, nós tínhamos um endividamento muito alto (para mais de dezenas de milhões), os parceiros de negócio estavam em um impasse se ficavam no país ou não, e todas as negociações giravam em torno de mim. E do nada eu senti uma dor de cabeça, passei mal, fui ao hospital e não voltei. Fiquei lá por trinta dias! Você consegue imaginar passar pelo

> **Porque com a credibilidade você passa a ser respeitado pelo que é e não por aquilo que tem.**

momento mais decisivo da sua vida e da vida das pessoas que estão abaixo de você na empresa e simplesmente não conseguir estar lá? Sabe o que aconteceu? As pessoas começaram a me poupar. Tudo pegando fogo e, em vez de me cobrarem e me pressionarem, elas começaram a me poupar para que eu sarasse logo. Isso para mim ensina o poder da credibilidade, que é um bem muito precioso. As pessoas sabem que você é do bem, que você não tem má-fé, confiam em você e, então, tudo tem um jeito, tudo pode ser resolvido. Eu nunca tinha ficado afastado da empresa.

É assim que você sabe quanto vale a sua base e os seus valores, e credibilidade sempre foi um valor que carreguei muito forte comigo. Porque com a credibilidade você passa a ser respeitado pelo que é e não por aquilo que tem. Isso só aconteceu por causa dos anos que eu passei dando conforto e sensação de segurança para aquelas pessoas. Eu nunca havia perdido um dia de trabalho na empresa antes disso! Isso faz com que as pessoas cuidem de você.

A credibilidade, os valores morais e a confiança dos outros para acreditarem em mim foram construídos por mim desde pequeno, e aos 11 anos tive o primeiro teste disso. Nós havíamos perdido todo o nosso dinheiro das latinhas, como eu conto no primeiro livro (guardávamos o dinheiro que ganhávamos com o trabalho no aterro em latinhas enterradas no solo da nossa casa, e um dia chegamos lá e tinham limpado o terreno todinho!). Tinha um sitiante perto da minha casa e nós fomos perguntar a ele se podíamos pegar algumas frutas no quintal dele para comer, porque estávamos com fome. Ele nos deixava pegar mangas, mamão e outras frutas.

Observamos que havia muitos pés de limão, e ele deixava pegá-los à vontade. Pegamos um saco grande e recolhemos tudo que pudemos. No domingo, fomos para a feira, esticamos um paninho no chão e começamos a vender limão. Não era limão de boa qualidade, mas não pagamos nada por ele. Vendemos os limões na feira e, quando acabaram, o sitiante não tinha mais limão. Então, pegamos o dinheiro que ganhamos e fomos até o Ceasa comprar mais, porém dessa vez um limão de qualidade melhor. À medida que voltávamos no mesmo vendedor, ele nos vendia mais frutas e com mais crédito, para pagarmos apenas depois da venda. Isso é credibilidade, e ela não acontece da noite para o dia, mas muitas vezes vale mais do que dinheiro.

Em um ano nós tínhamos uma barraca na feira, eu e meu irmão José Rufino; eu com 11 anos e ele com 13. Foi a primeira vez que experimentei quanto a credibilidade vale mais do que o dinheiro; esse valor que eu já tinha aprendido anos atrás na blindagem que tive com a mamãe. Foi uma coisa maravilhosa ver um cidadão adulto, um atacadista do Ceasa, dando credibilidade para dois meninos acreditarem em si mesmos e terem uma banca informal na feira. Eu usei a credibilidade na minha vida toda, nunca negociei com cheque no bolso, com cartão de crédito. Sempre saio livremente com a minha energia, com a minha palavra, com a minha presença física. E usei essas coisas a minha vida inteira. Eu acredito tanto em credibilidade que nunca troquei a ordem dos valores, nunca contei com o bolso para fazer negócio, sempre com a credibilidade. Não faço negócio baseado em capital, faço negócio baseado naquilo que eu acredito e naquilo que acredito que as pessoas conseguem fazer.

Não tenha medo do futuro

Eu não tenho medo do futuro, porque acho que a minha visão constrói outro tipo de futuro. Para mim, o que tem de mais caro e mais raro é o dia de hoje. É quando o dia começa, isso é o futuro. O futuro começa quando o dia amanhece, e você tem a chance de construí-lo.

O futuro a longo prazo é uma ilusão que as pessoas têm; não há a menor condição de você prever o futuro ou ficar preocupado com um futuro que você não sabe nem se vai alcançar, ou se vai estar lá naquele tempo. A melhor maneira de não ter medo do futuro é você viver o seu melhor presente, e eu me dou o melhor futuro todos os dias através do valor que eu entrego para aquele dia. Ou seja, faço sempre dos meus dias o melhor futuro. O ontem já passou; o futuro, sou eu que preparo a sua base, e ela é feita passo a passo em todos os dias que se iniciam. E todos os dias você pode se reprogramar, todos os dias você tem uma nova chance. É sempre possível melhorar o futuro com as suas virtudes do presente. Você só vive uma vez e vive um dia de cada vez, então todos os dias são dias de preparar o futuro brilhante.

Quero ver você inabalável. Deus, ou quem quer que Ele seja para você, está a seu favor, até nos momentos em que você foi agredido, porque foi suficientemente forte para se levantar de novo. A maldade de outra pessoa não foi capaz de tirar você daqui, porque Ele o quer aqui, e essa é a maior ajuda de todas. Agora você precisa pegar o seu poder infinito e começar a mudar este mundo, e sabe como se muda o mundo? Sendo feliz.

Eu tenho as melhores felicidades da minha vida todos os dias. Eu tenho as melhores conquistas da minha vida todos os dias. Quando acordo de manhã, já me sinto um vencedor porque ganhei mais um dia. Realizo meus sonhos todos os dias: eu sonho em ser feliz, e todos os dias encontro a felicidade na primeira hora do meu dia, no primeiro sorriso. Já saio de casa carregado de felicidade, e aí só vou compartilhando isso com os outros ao longo do dia. E à medida que eu vou compartilhando, essa felicidade vai se multiplicando. Não existe limite para a felicidade, para fazer o

O PODER DA POSITIVIDADE

bem e viver os seus valores. Eu desejo para você que tudo fique otimamente bem todos os dias, que hoje seja só o começo da era dos valores.

A minha trajetória é muito longa, mas sempre me lembro muito bem de que, quando chegamos a uma situação de penúria financeira, com todo o meu crédito parado, eu nunca deixei de acreditar no melhor. Uma das grandes forças que permitem que eu não perca a firmeza, a energia e a determinação é a fé. Tenho uma fé inabalável, e entendo que Deus não está com tempo de sacanear ninguém. Então, sei que algumas coisas que parecem ruins, na verdade, são necessárias; nós passamos por elas para criar anticorpos. Você cria defesas na adversidade, nos ambientes e nas situações inóspitas. Não se cria isso em uma bolha; você só se protege quando é jogado aos leões. Isso lhe dá proteção.

Quando passo por uma situação ruim, por pior que seja, não há um período em que eu fracasse, amoleça, desanime, pare de acreditar, pelo contrário, a minha gratidão só aumenta. É a hora de observar "qual é a novidade?", que tipo de anticorpos estou adquirindo com aquela situação? Eu acho que o jeito de pensar das pessoas faz muita diferença na vida delas, e faz na minha, por isso penso estritamente positivo. Não é porque eu sou inconsciente, é por inteligência! E quando as coisas não estão como eu gostaria, entendo que preciso prestar mais atenção para absorver aquela carga de anticorpos que estou recebendo naquele momento, aquela energia está vindo para me proteger, e, se você souber tirar proveito dessas oportunidades, vai ver que é Deus abrindo uma janela para você ampliar o seu aprendizado para a próxima fase. Se tiver muita gratidão, seguramente ela será útil para você na próxima fase.

Eu vivo isso todos os dias: não tenho um período em que sou um pouco mais positivo ou um pouco menos. As pessoas me perguntam às vezes: "Ah,

> **Então, sei que algumas coisas que parecem ruins, na verdade, são necessárias; nós passamos por elas para criar anticorpos.**

mas como era lá atrás, em comparação com agora? Você imaginava conseguir fazer as coisas que faz hoje? Os relacionamentos no meio empresarial, político, o trabalho de estimular as pessoas?". Elas me param pra falar: "Você tem noção de onde conseguiu chegar?". E eu só consigo responder: "Não, eu sempre estive aqui, eu não cheguei a lugar nenhum, eu sempre estive nesse lugar".

Onde eu estou? Estou num lugar onde tenho sensação de segurança, sou apaixonado, amo as pessoas em volta, sou amado por muitas pessoas, consigo sorrir todos os dias, consigo ser grato, consigo ser feliz todos os dias. Eu já era assim com 7 anos. Não existe "aonde eu cheguei"; existe "de onde eu nunca saí". Esses 7 anos, que eu digo que foi o meu melhor momento, permanecem em mim, eu posso ter mudado de endereço físico, mas sou a

O PODER DA POSITIVIDADE

mesma pessoa, tenho a mesma felicidade no mesmo grau. E eu era muito grato porque achava alguma coisa no lixo para comer; e sou muito grato hoje porque recebi uma visita de alguém de quem eu gosto, ilustre ou não, sou muito grato porque alguém me disse que eu contribuí com a sua vida. Da mesma maneira que era muito grato quando alguém me dizia que eu tinha contribuído com a sua vida porque lhe dei um lanche.

É muito legal quando as pessoas querem que eu explique qual a diferença entre hoje e antes e digo a elas, com toda a segurança do mundo: "Não tem diferença!". A sensação que eu tinha aos 7 anos e a sensação que tenho agora são as mesmas. Não sei se sou hoje mais feliz ou menos feliz, antes eu era muito feliz e ainda tinha uma coisa que hoje não tenho mais, a presença física da minha mãe. No entanto, como já disse, consigo sentir a presença dela de outra forma que não se explica, e eu sou feliz igual. Com o passar do tempo, a vida me trouxe muita gente, muitas energias que aumentaram a minha sensação de segurança e de felicidade que eu tinha lá atrás. Ou seja, os meus valores, o que tenho de mais rico, consegui com menos de 8 anos de idade; eles são tão fortes em mim, tão impregnados, que o tempo, a mudança de endereço e a condição social não podem alterá-los, e a minha vida é desse jeito desde lá. Não tem uma mudança de vida, só de tempo e de endereço; eu sou a mesma pessoa, com a mesma felicidade, com a mesma percepção de futuro que tinha aos 7 anos naquele barraco na periferia de São Paulo. Acordo todos os dias e pergunto: "O que eu posso fazer para hoje? Eu vou ser feliz hoje". Simples assim.

Espero você nas minhas redes sociais, para contar como está sendo a sua jornada.

www.geraldorufino.com.br
www.facebook.com/geraldorufinooficial
www.linkedin.com/in/geraldorufino
www.instagram.com/geraldoarufino

Este livro foi impresso pela Gráfica
Loyola em papel pólen bold 70 g/m²
em setembro de 2022.